KOCHBUCH FÜR TEENAGER

Das große Buch für Jungköche und Anfänger mit 250 schnellen, einfachen und leckeren Rezepten

Nora Spicehaven

INHALTSÜBERSICHT

HAUPTGÄNGE 62

TELLERGERICHTE 85

NACHSPEISE 96

30-TAGE-ESSENSPLAN 106

✳ Willkommen in der faszinierenden Welt der Kulinarik mit dem "Kochbuch für Teenager"! ✳

📚 Hallo, junge Küchenmeister*innen! Seid ihr bereit, euch auf ein spannendes kulinarisches Abenteuer zu begeben, und das direkt in eurer eigenen Küche? Unser "Teenager-Kochbuch" ist der perfekte Begleiter für euch, um in die vielfältige Welt der Aromen und kulinarischen Freuden einzutauchen.

Mit mehr als 250 sorgfältig ausgewählten Rezepten, die einfach, schnell und besonders spaßig in der Zubereitung sind, ist dieses Buch ideal für alle, die ihre ersten Schritte in der Welt des Kochens machen möchten. Egal, ob ihr komplette Anfänger seid oder bereits ein wenig Erfahrung in der Küche habt – hier findet ihr Gerichte, die eure Kreativität wecken und euren Gaumen verzaubern werden.

🍲 Von leckeren Vorspeisen bis hin zu himmlischen Desserts – jedes Rezept ist auf euren dynamischen Lebensstil und eure individuellen Bedürfnisse zugeschnitten. Entdeckt, wie ihr mit einfachen Zutaten und grundlegenden Kochtechniken im Nu gesunde und köstliche Mahlzeiten zaubern könnt.

📱 Und als besonderes Highlight: Das Buch gibt es auch in einer praktischen digitalen Ausgabe für euer Smartphone! So könnt ihr eure Lieblingsrezepte überallhin mitnehmen und jederzeit wie echte Profis nachkochen!

Bereitet euch vor auf ein einzigartiges kulinarisches Erlebnis, bei dem ihr neue Geschmacksrichtungen entdeckt, eurer Kreativität freien Lauf lassen und unvergessliche Momente mit Freunden und Familie genießen könnt.

Lasst euch inspirieren und beginnt eure Reise in die magische Welt des Kochens mit "Das Teenager-Kochbuch: 250 schnelle und einfache Rezepte". Schlagt die erste Seite auf und startet euer kulinarisches Abenteuer! 🍳🥄🍽️

HAMBURGER

1. Der Klassische Bohnen-Burger

   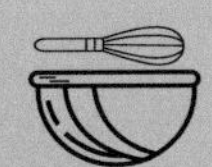

Vorbereitungszeit: 20 Minuten	Kochzeit: 10 Minuten	Portionen: 4	Schwierigkeit: Einfach

Zutaten:

- 1 Dose schwarze Bohnen (15 Unzen), abgetropft und gespült
- ½ Zwiebel, fein gehackt
- 1 Tasse Brotkrumen
- 1 Ei
- 1 TL Chilipulver
- 1 TL Kreuzkümmel
- Salz und Pfeffer
- Olivenöl zum Braten
- Burgerbrötchen und Belag nach Wahl (Salat, Tomate, Käse, etc.)

Zubereitung:

- Die schwarzen Bohnen in einer Schale zermahlen.
- Zwiebeln in einer Bratpfanne mit Olivenöl dünsten, bis sie zart sind.
- Gehackte Zwiebeln, Semmelbrösel, Ei, Chili-Gewürz, Kumin, Salz und Pfeffer zu den Bohnen hinzufügen und gründlich mischen.
- Aus dem Teig Bratlinge formen und in Olivenöl von jeder Seite etwa 4-5 Minuten braten.
- Auf Brötchen mit Garnitur anrichten.

2. Scharfes Schwarze-Bohnen-Fest

   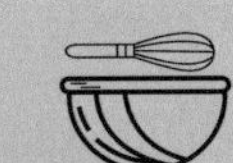

Vorbereitungszeit: 25 Minuten	Kochzeit: 8 Minuten	Portionen: 4	Schwierigkeit: Mittel

Zutaten:

- 2 Dosen schwarze Bohnen (je 15 Unzen), abgetropft und gespült
- 1 Jalapeño, gehackt
- 1 Paprikaschote, fein gehackt
- 1 Tasse Maiskörner
- ½ Tasse Brotkrumen
- ¼ Tasse gehackter Koriander
- 2 TL Chilipulver
- 1 TL Paprika
- 1 TL Knoblauchpulver
- Pfeffer und Salz
- Olivenöl zum Braten
- Burgerbrötchen und Belag (Avocado, saure Sahne, Salsa)

Zubereitung:

- Eine Dose Bohnen zerdrücken, die andere ganz lassen.
- Jalapeño, Paprika, Mais und Koriander zu den Bohnen geben.
- Brotkrumen, Chilipulver, Paprikapulver, Knoblauchpulver, Salz und Pfeffer hinzufügen und gut vermischen.
- Patties formen und in heißem Olivenöl von beiden Seiten je 4 Min braten.
- Auf Brötchen mit Avocado, saurer Sahne und Salsa servieren.

3. Der Ultimative Portobello-Stapel

 *Vorbereitungszeit:*
15 Minuten

 *Kochzeit:*
8 Minuten

 *Portionen:*
4

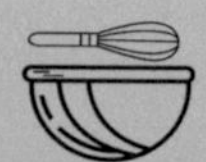 *Schwierigkeit:*
Einfach

Zutaten:

- 4 große Portobello-Pilze, Stiele entfernt
- 2 EL Balsamico-Essig
- 2 EL Olivenöl
- 1 Knoblauchzehe, gehackt
- Pfeffer und Salz
- 4 Scheiben Provolone-Käse
- Geröstete Paprika
- Frischer Rucola
- Burgerbrötchen

Zubereitung:

- Balsamico, Knoblauch, Olivenöl, Pfeffer und Salz vermischen und die Pilze damit bestreichen.
- Pilze auf dem Grill oder in einer Grillpfanne von beiden Seiten je 4 Min grillen.
- In der letzten Minute eine Käsescheibe auf jeden Pilz legen.
- Mit gerösteter Paprika und Rucola auf Brötchen servieren.

4. Süßkartoffel-Quinoa-Glück

 *Vorbereitungszeit:*
30 Minuten

 *Kochzeit:*
35 Minuten

 *Portionen:*
4

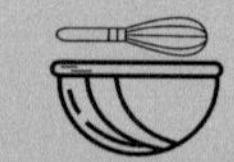 *Schwierigkeit:*
Mittel

Zutaten:

- 1 große Süßkartoffel, geschält und gewürfelt
- ½ Tasse Quinoa
- 1 TL Kreuzkümmel
- ½ TL Zimt
- ¼ TL Muskatnuss
- Salz und Pfeffer
- ¼ Tasse Haferflocken
- ¼ Tasse fein gehackte Zwiebel
- 2 EL gehackter frischer Koriander
- Olivenöl zum Braten
- Vollkornbrötchen und Belag (Spinatblätter, griechischer Joghurt)

Zubereitung:

- Süßkartoffel kochen, abgießen und zerstampfen.
- Quinoa gemäß Packungsanleitung kochen und abkühlen lassen.
- Süßkartoffel, Quinoa, Kreuzkümmel, Zimt, Muskatnuss, Salz, Pfeffer, Haferflocken, Zwiebel und Koriander mischen.
- Patties formen und in Olivenöl von beiden Seiten je 5 Min braten.
- Auf Brötchen mit Spinatblättern und einem Klecks griechischem Joghurt servieren.

5. Linsen-Walnuss-Erdiger-Crunch

   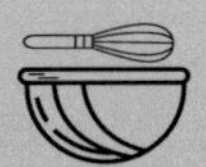

Vorbereitungszeit:
25 Minuten

Kochzeit:
10 Minuten

Portionen:
4

Schwierigkeit:
Mittel

Zutaten:

- 1 Tasse gekochte grüne Linsen
- ½ Tasse Walnüsse, geröstet und fein gehackt
- ¼ Tasse geriebene Karotten
- ¼ Tasse Brotkrumen
- 2 EL Leinsamenmehl
- 1 TL Thymian
- 1 TL Oregano
- Salz und Pfeffer
- Olivenöl zum Braten
- Mehrkornbrötchen und Belag (gemischte Blattsalate, scharfer Senfsauce)

Zubereitung:

- Linsen zerdrücken, Walnüsse, Karotten, Brotkrumen, Leinsamenmehl, Thymian, Oregano, Salz und Pfeffer hinzufügen und gut vermischen.
- Patties formen und im Kühlschrank 15 Minuten fest werden lassen.
- In Olivenöl von beiden Seiten je 5 Min braten.
- Auf Brötchen mit gemischten Blattsalaten und Senfsauce servieren.

6. Würziger Kichererbsen-Wunder-Burger

   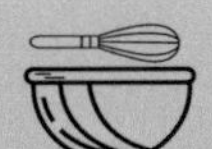

Vorbereitungszeit:
25 Minuten

Kochzeit:
10 Minuten

Portionen:
4

Schwierigkeit:
Mittel

Zutaten:

- 2 Tassen gekochte Kichererbsen
- 1/2 rote Zwiebel, fein gehackt
- 2 Knoblauchzehen, gehackt
- 1/4 Tasse gehackte Petersilie
- Zitrone (Schale und Saft)
- 1 Teelöffel gemahlener Kreuzkümmel
- 1/2 Teelöffel geräucherter Paprika
- 1/4 Teelöffel Cayennepfeffer (optional)
- Pfeffer und Salz
- 1/2 Tasse Semmelbrösel
- Öl zum Braten

Burgerbrötchen und Belag (Salat, Tomate, Gurke, Tahinisauce)

Zubereitung:

- Kichererbsen, Zwiebel, Knoblauch, Petersilie, Zitronenabrieb und -saft, Kreuzkümmel, Paprika, Cayennepfeffer, Salz und Pfeffer in einer Küchenmaschine grob zerkleinern.
- In eine Schüssel geben, Paniermehl hinzufügen und gut mischen.
- Patties formen und in heißem Olivenöl von beiden Seiten jeweils 5 Min braten.
- Auf Brötchen mit Salat, Tomate, Gurke und Tahini-Sauce servieren.

7. Gegrillter Auberginen-Zen-Burger

Vorbereitungszeit:
15 Minuten

Kochzeit:
20 Minuten

Portionen:
4

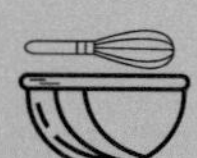

Schwierigkeit:
Einfach

Zutaten:

- 2 große Auberginen, in 1/2-Zoll Scheiben geschnitten
- 2 EL Olivenöl
- 1 TL Knoblauchpulver
- Pfeffer und Salz
- 4 Vollkornburgerbrötchen
- 1 Tasse Babyspinatblätter
- 1 große reife Tomate, in Scheiben geschnitten
- 1/2 Tasse Ziegenkäse, zerbröselt
- 1/4 Tasse Basilikumpesto (fertig oder selbst gemacht)

Zubereitung:

- Die Auberginenscheiben mit Olivenöl bestreichen und mit Knoblauch, Salz und Pfeffer würzen.
- Die Auberginen 3-4 Minuten pro Seite grillen (Grill oder Bratpfanne), bis sie weich sind und Grillspuren haben.
- Burger zusammenstellen: Eine gegrillte Aubergine auf das untere Brötchen legen, mit Tomatenscheibe, Ziegenkäse und Basilikumpesto belegen.
- Mit dem oberen Brötchenteil bedecken und servieren.

8. Grünkohl- & Weiße-Bohnen-Essenz-Burger

Vorbereitungszeit:
20 Minuten

Kochzeit:
10 Minuten

Portionen:
4

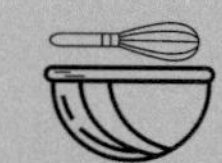

Schwierigkeit:
Mittel

Zutaten:

- 2 Tassen gekochte weiße Bohnen
- 1 Tasse fein gehackter Grünkohl
- 1/2 Tasse geriebener Parmesan
- 1/4 Tasse Paniermehl
- 1/4 Tasse gehacktes frisches Basilikum
- 2 Knoblauchzehen, gehackt
- Zest einer Zitrone
- 1 Ei
- Salz und Pfeffer
- Olivenöl zum Braten
- Vollkornbrötchen
- Belag: Avocado, rote Zwiebel, Aioli

Zubereitung:

- Weiße Bohnen in einer Schüssel zerdrücken.
- Grünkohl, Parmesan, Paniermehl, Basilikum, Knoblauch, Zitronenzest, Ei, Salz und Pfeffer hinzufügen und gut vermischen.
- Patties formen und in heißem Olivenöl von beiden Seiten jeweils 5 Minuten braten.
- Auf Brötchen mit Avocado, roter Zwiebel und Aioli servieren.

9. Kürbis & Tahini-Drehung-Burger

  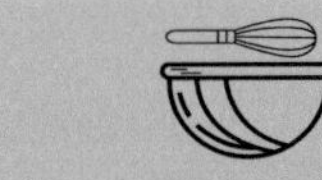

Vorbereitungszeit: 30 Minuten	*Kochzeit:* 45 Minuten	*Portionen:* 4	*Schwierigkeit:* Mittel

Zutaten:

- 2 Tassen geröstetes Kürbispüree
- 1/4 Tasse Tahini
- 1/2 Tasse gekochter Quinoa
- 1/4 Tasse fein gewürfelte rote Zwiebel
- 2 EL gehackter Koriander
- 1 TL gemahlener Kreuzkümmel
- Salz und Pfeffer
- 1/2 Tasse Paniermehl
- Olivenöl zum Braten
- Vollkornbrötchen
- Belag: Rucola, Gurkenscheiben, Honig

Zubereitung:

- Kürbispüree, Tahini, Quinoa, rote Zwiebel, Koriander, Kreuzkümmel, Pfeffer und Salz in einer Schüssel mischen.
- Paniermehl hinzufügen und gut vermischen.
- Patties formen und in heißem Olivenöl von beiden Seiten je 6-7 Minuten braten.
- Auf Brötchen mit Rucola, Gurkenscheiben und einem Honigtröpfchen servieren.

10. Geröstete Rote-Bete- & Feta-Fusion-Burger

 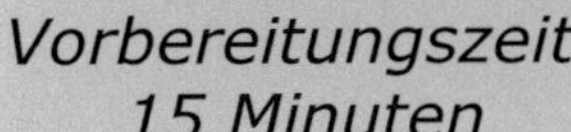   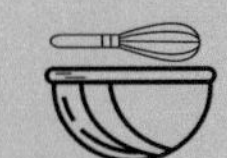

Vorbereitungszeit: 15 Minuten	*Kochzeit:* 1 Stunde (für das Rösten der Rote Bete)	*Portionen:* 4	*Schwierigkeit:* Mittel

Zutaten:

- 4 mittelgroße Rote Bete, geröstet und geschält
- 1/2 Tasse Feta, zerkrümelt
- 1/4 Tasse gekochte Linsen
- 1/4 Tasse gehackte Walnüsse
- 1 TL getrockneter Oregano
- Salz und Pfeffer
- 1 Ei
- 1/2 Tasse Paniermehl
- Olivenöl zum Braten
- Ciabatta-Brötchen
- Belag: Gemischte Blattsalate, rote Zwiebelscheiben, Tzatziki

Zubereitung:

- Die geröstete Rote Bete raspeln.
- Alles in einer Schüssel mischen: Feta, Linsen, Walnüsse, Oregano, Salz und Pfeffer.
- Das Ei und die Semmelbrösel hinzugeben, bis ein formbarer Teig entsteht.
- Zu Frikadellen formen und diese 30 Minuten im Kühlschrank ruhen lassen.
- In heißem Olivenöl 5-6 Minuten pro Seite braten.
- Auf Ciabatta-Brötchen mit gemischten Blattsalaten, roten Zwiebelscheiben und einem Löffel Tzatziki servieren.

11. Klassischer Lachs & Dill-Burger

   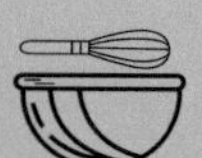

Vorbereitungszeit: *15 Minuten*	*Kochzeit:* *10 Minuten*	*Portionen:* *4*	*Schwierigkeit:* *Einfach*

Zutaten:

- 4 Lachsfilets
- 2 EL Dill, gehackt
- 2 EL Olivenöl
- Salz und Pfeffer
- 4 Burgerbrötchen, getoastet
- Belag: Salat, dünne Zitronenscheiben, Dill-Sauce

Zubereitung:

- Die Lachsfilets mit Olivenöl bestreichen, mit Salz, Pfeffer und Dill würzen.
- Lachs auf dem Grill oder in der Pfanne von jeder Seite ca. 5 Min grillen, bis er durchgegart ist.
- Auf Burgerbrötchen mit Salat, Zitronenscheiben und Dill-Sauce servieren.

12. Scharfer Thunfisch-Twist-Burger

Vorbereitungszeit: *20 Minuten*	*Kochzeit:* *5 Minuten*	*Portionen:* *4*	*Schwierigkeit:* *Mittel*

Zutaten:

- 4 Thunfischsteaks
- 1 EL Chilipulver
- 1 TL Knoblauchpulver
- Olivenöl
- 4 Burgerbrötchen, getoastet
- Belag: Rucola, Mayonnaise, Limettenscheiben

Zubereitung:

- Thunfischsteaks mit Olivenöl bestreichen und mit Chilipulver und Knoblauchpulver würzen.
- Thunfisch auf dem Grill oder in einer Pfanne von jeder Seite ca. 2-3 Min braten.
- Auf Burgerbrötchen mit Rucola, Mayonnaise und Limettenscheiben servieren.

13. Kräuterkrusten-Kabeljau-Burger

 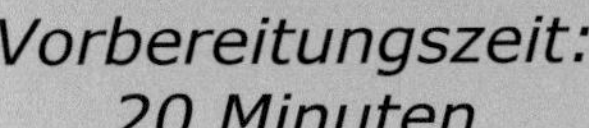   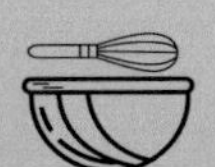

Vorbereitungszeit:	*Kochzeit:*	*Portionen:*	*Schwierigkeit:*
20 Minuten	*10 Minuten*	*4*	*Mittel*

Zutaten:

- 4 Kabeljaufilets
- 2 EL gemischte Kräuter, gehackt (z.B. Petersilie, Dill, Thymian)
- 2 EL Paniermehl
- 2 EL Olivenöl
- 4 Burgerbrötchen, getoastet
- Belag: Gemischter Salat, Tartar-Sauce

Zubereitung:

- Kabeljaufilets mit Olivenöl bestreichen, mit Kräutern und Paniermehl bestreuen.
- Kabeljau in der Pfanne von jeder Seite ca. 5 Min braten.
- Auf Burgerbrötchen mit Salat und Tartar-Sauce servieren.

14. Zitronen-Zesten-Tilapia-Leckerbissen

   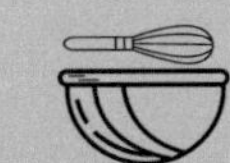

Vorbereitungszeit:	*Kochzeit:*	*Portionen:*	*Schwierigkeit:*
15 Minuten	*10 Minuten*	*4*	*Einfach*

Zutaten:

- 4 Tilapiafilets
- Abrieb von 1 Zitrone
- 2 EL Olivenöl
- Salz und Pfeffer
- 4 Burgerbrötchen, getoastet
- Belag: Frischer Spinat, dünne Zitronenscheiben, Aioli

Zubereitung:

- Tilapiafilets mit Olivenöl bestreichen, mit Zitronenabrieb, Pfeffer und Salz würzen.
- Tilapia in der Pfanne von jeder Seite ca. 5 Min braten.
- Auf Burgerbrötchen mit Spinat, Zitronenscheiben und Aioli servieren

15. Katzenfisch-Cajun-Kreation

 **Vorbereitungszeit:** 20 Minuten

 **Kochzeit:** 10 Minuten

 **Portionen:** 4

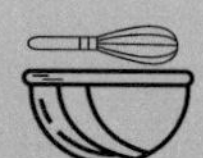 **Schwierigkeit:** Mittel

Zutaten:

- 4 Katzenfischfilets
- 2 EL Cajun-Gewürz
- Olivenöl
- 4 Burgerbrötchen, getoastet
- Belag: Coleslaw, scharfe Sauce

Zubereitung:

- Katzenfischfilets mit Olivenöl bestreichen und mit Cajun-Gewürz bestreuen.
- Katzenfisch in der Pfanne von jeder Seite ca. 5 Min braten.
- Auf Burgerbrötchen mit Coleslaw und scharfer Sauce servieren.

16. Der Klassische Rindfleisch-Cheeseburger

 **Vorbereitungszeit:** 10 Minuten

 **Kochzeit:** 10 Minuten

 **Portionen:** 4

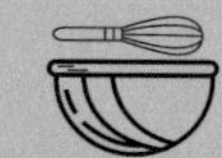 **Schwierigkeit:** Einfach

Zutaten:

- 4 Rindfleisch-Patties (je ca. 150 kg)
- 4 Scheiben Cheddar-Käse
- Salz und Pfeffer
- 4 Hamburgerbrötchen, getoastet
- Belag: Salatblätter, Tomatenscheiben, Zwiebelringe, Ketchup, Senf

Zubereitung:

- Die Rindfleisch-Patties mit Salz und Pfeffer würzen.
- Patties auf dem Grill oder in der Pfanne von jeder Seite ca. 4-5 Min braten.
- In der letzten Minute eine Käsescheibe auf jedes Patty legen, damit der Käse schmilzt.
- Auf Hamburgerbrötchen mit Salat, Tomate, Zwiebel, Ketchup und Senf servieren.

17. BBQ-Bacon-Bliss-Burger

 **Vorbereitungszeit:**
15 Minuten

 **Kochzeit:**
10 Minuten

 **Portionen:**
4

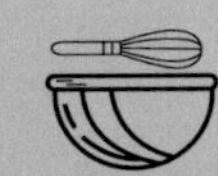 **Schwierigkeit:**
Mittel

Zutaten:

- 4 Rindfleisch-Patties (je ca. 150 g)
- 8 Streifen Bacon
- BBQ-Sauce
- 4 Scheiben Cheddar-Käse
- 4 Hamburgerbrötchen, getoastet
- Belag: Röstzwiebeln, Salatblätter

Zubereitung:

- Bacon knusprig braten und beiseitelegen.
- Rindfleisch-Patties mit BBQ-Sauce bestreichen und grillen, von jeder Seite ca. 4-5 Minuten.
- In der letzten Minute eine Käsescheibe auf jedes Patty legen.
- Burger mit Bacon, Röstzwiebeln und Salat auf den Brötchen anrichten.

18. Blauschimmelkäse- & Karamellisierte-Zwiebel-Burger

 **Vorbereitungszeit:**
20 Minuten

 **Kochzeit:**
15 Minuten

 **Portionen:**
4

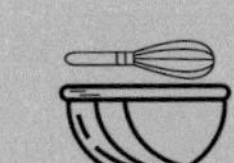 **Schwierigkeit:**
Mittel

Zutaten:

- 4 Rindfleisch-Patties (je ca. 150 g)
- 2 große Zwiebeln, in Ringe geschnitten und karamellisiert
- 100 g Blauschimmelkäse, zerbröselt
- 4 Hamburgerbrötchen, getoastet
- Belag: Rucola

Zubereitung:

- Zwiebelringe langsam anbraten, bis sie karamellisiert sind.
- Rindfleisch-Patties grillen, von jeder Seite ca. 4-5 Minuten.
- Blauschimmelkäse auf die heißen Patties streuen.
- Burger mit karamellisierten Zwiebeln und Rucola auf den Brötchen anrichten.

VORSPEISEN

1. Zitronen-Schwertfisch

 **Vorbereitungszeit:** 10 Minuten

 **Kochzeit:** 10-14 Minuten

 **Portionen:** Nach Belieben

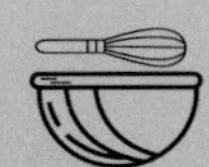 **Schwierigkeit:** Unkompliziert

Zutaten:

- 4 x 185 g Säbelbarschfilets
- 1/4 Tasse (60 g) Dijon-Senf
- 2 Esslöffel Bienenhonig
- 2 Esslöffel Olivenöl
- 1 Teelöffel getrockneter Majoran
- 1 Teelöffel Knoblauchpuder
- Salz und frisch
- Zitronenstücke zum Garnieren

Zubereitung:

- Grill auf mittlere Hitze vorheizen.
- In einer Schale Dijon-Senf, Honig, Olivenöl, getrockneten Majoran, Knoblauchpulver, Salz und Pfeffer gründlich mischen.
- Die Säbelbarschfilets beidseitig mit der Senfmischung bestreichen.
- Filets für 5-7 Minuten je Seite grillen, bis sie durchgegart und leicht gebräunt sind.
- Vor dem Anrichten die Fischfilets kurz ruhen lassen.
- Mit Zitronenstücken als Dekoration servieren.

2. Schwertfischsalat mit Rucola und Äpfeln, geräuchert

 **Vorbereitungszeit:** 10 Minuten

 **Kochzeit:** 10-14 Minuten

 **Portionen:** Variabel

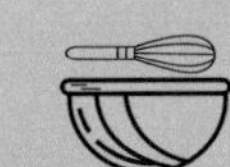 **Schwierigkeit:** Einfach

Zutaten:

- 125 g geräucherter Säbelbarsch, in dünne Streifen geschnitten
- 50 g Rauke
- 1 dünn geschnittener Apfel
- 30 g gehackte Walnüsse
- 2 Esslöffel Olivenöl
- 1 Esslöffel frischer Zitronensaft
- 1 Esslöffel Bienenhonig
- Salz und frisch gemahlener schwarzer Pfeffer nach Geschmack

Zubereitung:

- Olivenöl, Honig, Zitronensaft, Salz und Pfeffer in einer großen Schüssel verrühren.
- Rauke, Apfelscheiben und Walnüsse in das Dressing geben und gut mischen.
- Die geräucherten Säbelbarschstreifen auf einem Teller anrichten und mit dem Apfel-Rauke-Salat garnieren.
- Als Vorspeise oder leichtes Abendessen servieren.

3. Würzige Garnele

 **Vorbereitungszeit:**
10 Minuten

 **Kochzeit:**
10 Minuten

 **Portionen:**
Variabel

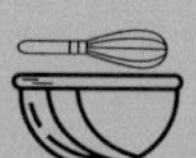 **Schwierigkeit:**
Einfach

Zutaten:

- 500 g große Garnelen, geschält
- 2 Esslöffel Cajun-Würze
- 1 Esslöffel frischer Limettensaft
- Salz und frisch

Zubereitung:

- Grill auf mittlere Hitze vorheizen.
- In einer Schüssel Olivenöl, Cajun-Gewürz, Limettensaft, Salz und Pfeffer gründlich vermischen.
- Die Garnelen in die Mischung geben und gut umrühren, sodass sie gleichmäßig bedeckt sind.
- Die Garnelen für jeweils 2-3 Min pro Seite grillen, bis sie durchgegart und leicht gebräunt sind.
- Die Garnelen vom Grill nehmen und vor dem Servieren kurz ruhen lassen.
- Heiß servieren, garniert mit frischen Limettenscheiben und gehacktem Koriander.

4. Brot mit Butter und Sardinen

 **Vorbereitungszeit:**
5 Minuten

 **Kochzeit:**
Keine

 **Portionen:**
Variabel

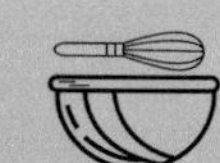 **Schwierigkeit:**
Sehr einfach

Zutaten:

- 4 Scheiben getoastetes Brot
- 4 Sardinen aus der Dose, abgetropft
- 2 Löffel weiche Butter
- 1 Löffel frischer Zitronensaft
- 1 Löffel gehackte frische Petersilie
- Salz und schwarzer Pfeffer nach Geschmack

Zubereitung:

- In einer Rührschüssel die weiche Butter, den frischen Zitronensaft, die gehackte Petersilie, Salz und Pfeffer vermengen.
- Die Buttermischung gleichmäßig auf jede Scheibe getoastetes Brot streichen.
- Jede Scheibe Brot mit den Sardinenflocken belegen und diese gleichmäßig auf die Scheiben verteilen.
- Servieren Sie das Brot mit Butter und Sardinen als Vorspeise, garniert mit zusätzlicher gehackter Petersilie oder Zitronenscheiben.

   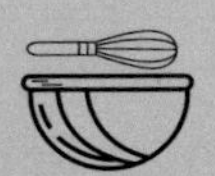

Vorbereitungszeit:	*Kochzeit:*	*Portionen:*	*Schwierigkeit:*
10 Minuten	*Keine*	*Variabel*	*Einfach*

Zutaten:

- 1 Stück (125 g) Tofu, abgetropft und gepresst
- 1/2 Tasse (60 g) Mehl
- 1/2 Teelöffel Knoblauchpulver
- 1/2 Teelöffel Paprikapulver
- Salz und Pfeffer
- Pflanzenöl zum Braten

Zubereitung:

- Den Tofu in kleine Würfel oder Streifen schneiden.
- In einer flachen Schale Mehl, Knoblauchpulver, Paprika, Salz und schwarzen Pfeffer vermischen.
- Die Tofuwürfel in der Mehlmischung wälzen und den Überschuss abschütteln.
- Gemüseöl in einer großen Pfanne bei mittlerer bis hoher Hitze erhitzen. Die Tofuwürfel in dem heißen Öl unter gelegentlichem Wenden braten, bis sie goldbraun und von allen Seiten knusprig sind.
- Den gebratenen Tofu mit einem Schaumlöffel aus der Pfanne nehmen und auf einem Papiertuch abtropfen lassen.
- Den gebratenen Tofu heiß mit Ihrer Lieblingssoße zum Dippen servieren.

Vorbereitungszeit:
15 Minuten

Kochzeit:
10-12 Minuten

Portionen:
Variabel

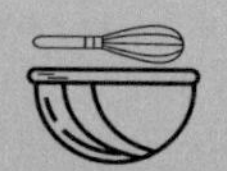
Schwierigkeit:
Mittel

Zutaten:

- 250 g frischer Mozzarella-Käse, in dünne Streifen geschnitten
- 125 g frischer Blattspinat
- 125 g gehackte getrocknete Tomaten
- 60 g Pesto-Sauce
- Salz und Pfeffer

Zubereitung:

- Ofen vorheizen: Stellen Sie die Temperatur Ihres Backofens auf 180°C (350°F).
- Mozzarella anrichten: Legen Sie die Mozzarella-Streifen direkt auf ein mit Backpapier belegtes Backblech, überlappend zu einer rechteckigen Form.
- Füllen: Verteilen Sie die Pesto-Sauce auf dem Mozzarella, gefolgt von Spinatblättern und gehackten getrockneten Tomaten.
- Mit Salz und Pfeffer würzen.
- Rollen und Backen: Rollen Sie den Mozzarella mithilfe des Backpapiers auf. Schneiden Sie die Rolle in Scheiben und backen Sie diese direkt auf dem Backpapier für 10-12 Minuten, bis der Käse geschmolzen ist.
- Servieren: Die Mozzarella-Röllchen heiß servieren, garniert mit frischen Basilikumblättern.

7. Fisch-Schaum

 **Vorbereitungszeit:**
10 Minuten

 **Kochzeit:**
Keine (Kühlzeit: 15-20 Minuten)

 **Portionen:**
Variabel

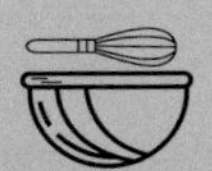 **Schwierigkeit:**
Einfach

Zutaten:

- 200 g Räucherlachs
- 100ml Kochsahne
- 1 Eiweiß
- Salz und Pfeffer zum Abschmecken
- Eine Prise Dill (optional)

Zubereitung:

- Den Räucherlachs in kleine Stücke schneiden und vorbereiten.
- Die Sahne in einer Schüssel steif schlagen.
- In einer anderen Schüssel das Eiweiß mit einer Prise Salz steif schlagen.
- Den Lachs vorsichtig unter die Schlagsahne mischen. Dann das geschlagene Eiweiß unterheben, dabei darauf achten, dass es nicht auseinanderfällt.
- Mit Salz und Pfeffer abschmecken und nach Belieben gehackten Dill dazugeben.
- Die Mousse vor dem Servieren mindestens 15-20 Minuten im Kühlschrank kühlen.

Vorbereitungszeit:
10 Minuten

Kochzeit:
12-15 Minuten

Portionen:
3

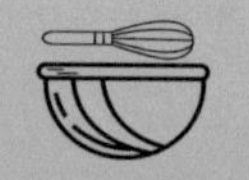

Schwierigkeit:
Mittel

Zutaten:

- 12 große, gesäuberte und getrocknete Kammmuscheln
- 1/4 Tasse (60g) geschmolzene, ungesalzene Butter
- 1 Löffel Zitronensaft
- 2 gehackte Knoblauchzehen
- 1 Löffel Semmelbrösel
- 1/4 Tasse (60 g) Parmesankäse, gerieben
- 2 Teelöffel (10g) fein gehackte frische Petersilie
- Salz und schwarzer Pfeffer nach Geschmack

Zubereitung:

- Die Temperatur des Backofens auf 190°C (375°F) einstellen.
- Die geschmolzene Butter, den Zitronensaft und den gehackten Knoblauch in einer kleinen Schüssel vermischen.
- Semmelbrösel, Parmesan, gehackte Petersilie, Salz und Pfeffer in einer anderen Schüssel mischen.
- Bevor die Kammmuscheln in der Semmelbröselmischung gewälzt werden, werden sie in die Buttermischung getaucht.
- Die Kammmuscheln auf ein Backblech legen und im vorgeheizten Backofen 12-15 Minuten backen, bis sie goldbraun und durchgebraten sind.
- Die gebackenen Kammmuscheln sollten heiß und mit Zitronenscheiben serviert werden.

9. Thunfischfilet mit einer Pistazien-Walnuss-Kruste

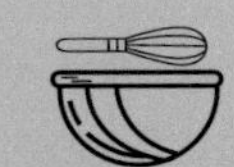

Vorbereitungszeit: 15 Minuten

Kochzeit: 10-15 Minuten

Portionen: 1-2

Schwierigkeit: Mittel

Zutaten:

- 2 Thunfischfilets (je ca. 150-200 g)
- 1/2 Tasse geschälte Pistazien
- 1/2 Tasse Walnüsse
- 2 Esslöffel Semmelbrösel
- 1 Knoblauchzehe
- 1 Esslöffel Olivenöl
- Salz und schwarzer Pfeffer zum Abschmecken
- Zitrone zum Garnieren

Zubereitung:

- Die Kruste vorbereiten: Pistazien, Walnüsse, Semmelbrösel und Knoblauch in eine Küchenmaschine geben. Grob zerkleinern.
- Den Thunfisch würzen: Die Thunfischfilets mit Salz und Pfeffer bestreuen.
- Die Kruste auftragen: Die Thunfischfilets mit etwas Olivenöl bepinseln, dann die Pistazien-Walnuss-Mischung darauf drücken, damit sie gut haftet.
- Zubereitung des Thunfischs: Eine antihaftbeschichtete Pfanne bei mittlerer bis hoher Hitze erhitzen. Die Thunfischfilets 2-3 Minuten pro Seite braten, bis die Kruste golden und knusprig wird.
- Servieren: Die Thunfischfilets sofort servieren und mit Zitronenspalten garnieren.

10. Kürbis-Crostini

   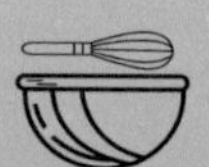

Vorbereitungszeit: 20 Minuten	*Kochzeit: 5 Minuten*	*Portionen: 4 Personen*	*Schwierigkeit: Einfach*

Zutaten:

- 1 Baguette, in Scheiben geschnitten
- 200 g gerösteter Kürbis, püriert
- 100 g Feta, zerkrümelt
- 2 Esslöffel Honig
- Frischer Thymian

Zubereitung:

- Die Baguettes im vorgeheizten Backofen bei 180°C 5 Minuten lang goldbraun rösten.Jede Scheibe mit einer Schicht Kürbispüree bestreichen.
- Feta darüber streuen und mit einem Tropfen Honig beträufeln.
- Mit frischem Thymian garnieren und sofort servieren.

11. Käse- und Krabbenbällchen

   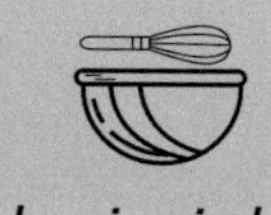

Vorbereitungszeit: 10 Minuten	*Kühlzeit: 30 Minuten (keine Kochzeit)*	*Portionen: 3*	*Schwierigkeit: Einfach*

Zutaten:

- 8 Unzen (250 g) gewürfelter frischer Mozzarella-Käse
- 8 Unzen (250 g) gekochtes, zerkleinertes Krabbenfleisch
- 2 Löffel Mayonnaise
- 1 Löffel Dijon-Senf
- 1 Löffel frischer Zitronensaft
- 1 Löffel fein gehackte frische Petersilie
- Salz und Pfeffer

Zubereitung:

- Mayonnaise, Dijon-Senf, Zitronensaft, Petersilie, Salz und schwarzer Pfeffer in einer Schüssel vermengen.
- In der Schüssel den gewürfelten Mozzarella und das Krabbenfleisch vermengen und alles mit der Sauce vermischen.
- Mindestens 30 Minuten sollten vergehen, bevor die Mozzarella-Krabben-Mischung aus dem Kühlschrank serviert wird.
- Als Vorspeise die Mozzarella- und Krabbenwürfel mit gehackter Petersilie oder Zitronenscheiben servieren.

12. Geröstete Paprika-Hummus

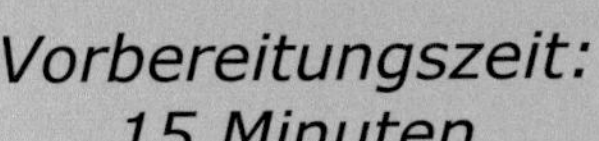

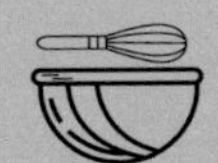

Vorbereitungszeit: 15 Minuten

Kochzeit: 0 Minuten

Portionen: 4 Personen

Schwierigkeit: Einfach

Zutaten:

- 400 g Kichererbsen, abgetropft
- 2 geröstete Paprika, geschält
- 2 Esslöffel Tahini
- Saft einer Zitrone
- 1 Knoblauchzehe, zerdrückt

Zubereitung:

- Kichererbsen, geröstete Paprika, Tahin, Zitronensaft und Knoblauch zu einer glatten Creme pürieren.
- Falls erforderlich, etwas Wasser hinzufügen, um die gewünschte Konsistenz zu erreichen.
- In eine Schale geben und als Dip zu Brot oder Gemüsesticks servieren

13. Ziegenkäse-Pralinen

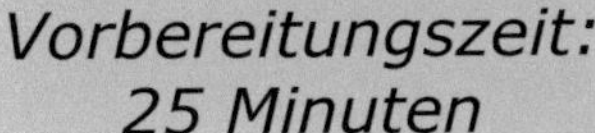

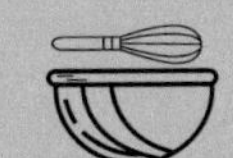

Vorbereitungszeit: 25 Minuten

Kochzeit: 0 Minuten

Portionen: 4 Personen

Schwierigkeit: Mittel

Zutaten:

- 150 g weicher Ziegenkäse
- 50 g gehackte Nüsse (z.B. Walnüsse oder Pekannüsse)
- 4 getrocknete Aprikosen, fein gewürfelt
- Balsamico-Glasur

Zubereitung:

- Ziegenkäse in kleine Portionen teilen und zu Kugeln formen.
- Jede Kugel in gehackten Nüssen wälzen, bis sie vollständig bedeckt sind.
- Mit Aprikosenstückchen garnieren und mit ein paar Tropfen Balsamico-Glasur beträufeln.
- Auf einer Platte anrichten und kalt servieren.

1. Fusilli mit Brokkoli und Gorgonzolasauce

   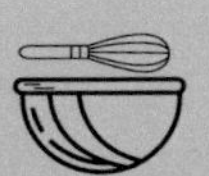

Vorbereitungszeit:
15 Minuten

Kochzeit:
20-25 Minuten

Portionen:
4-6

Schwierigkeit:
Einfach

Zutaten:

- 500 g Fusilli
- 2 Köpfe Brokkoli, in Röschen geschnitten
- 1 fein gewürfelte Schalotte
- 2 fein gehackte Knoblauchzehen
- 50 g Olivenöl
- Salz und Pfeffer
- 125 ml Sahne
- 50 g Gorgonzola, zerbröckelt

Zubereitung:

- Die Fusilli nach Packungsanweisung bissfest kochen.
- Die Schalotte und den Knoblauch in einer Pfanne anbraten.
- Die Brokkoliröschen hinzufügen und 5-6 Minuten braten.
- Mit Salz und Pfeffer.
- Die Sahne und den Gorgonzola-Käse hinzufügen und schmelzen lassen.
- Die Fusilli abtropfen lassen, in die Sauce geben, gut vermischen und heiß servieren.

2. Tagliatelle mit Knusperbröseln

   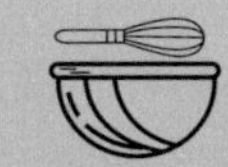

Vorbereitungszeit:
10 Minuten

Kochzeit:
15-20 Minuten

Portionen:
4-6

Schwierigkeit:
Einfach

Zutaten:

- 400 g Tagliatelle
- 60 g Paniermehl
- 50 g Olivenöl
- 2 fein gehackte Knoblauchzehen
- Salz und Pfeffer nach Geschmack
- 25 g geriebener Grana Padano

Zubereitung:

- Tagliatelle al dente kochen, Nudelwasser aufbewahren, abgießen.
- Olivenöl erhitzen, Knoblauch darin anbraten.
- Paniermehl hinzufügen, goldbraun rösten.
- Nudeln und Brösel mischen, bei Bedarf Nudelwasser hinzufügen.
- Mit Salz und Pfeffer würzen.
- Mit Grana Padano bestreuen, servieren.

3. Spaghetti mit Zwiebel-Sahnesauce

   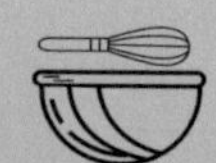

Vorbereitungszeit: 10 Minuten	Kochzeit: 20-25 Minuten	Portionen: 4	Schwierigkeit: Einfach

Zutaten:

- 400 g Spaghetti
- 1 große Zwiebel, in Ringe geschnitten
- 30 g Butter
- 220 ml Sahne
- 50 g geriebener Pecorino-Käse
- Salz und Pfeffer

Zubereitung:

- Spaghetti al dente kochen, abgießen.
- Butter in einer Pfanne schmelzen, Zwiebel darin dünsten.
- Sahne hinzufügen, köcheln lassen.
- Nudeln in die Sauce geben, durchschwenken.
- Pecorino einrühren, bis er schmilzt.
- Mit Salz und Pfeffer abschmecken, servieren.

4. Risotto mit Rote Bete und Ziegenkäse

   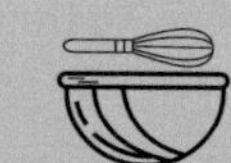

Vorbereitungszeit: 10 Minuten	Kochzeit: 25 Minuten	Portionen: 4 Personen	Schwierigkeit: Mittel

Zutaten:

- 200 g Arborio-Reis
- 500 g Rote Bete, gewürfelt
- 100 g Ziegenkäse, zerbröckelt
- 1 Liter Gemüsebrühe
- 1 kleine Zwiebel, fein gehackt
- 2 Esslöffel Olivenöl
- Salz und Pfeffer

Zubereitung:

- In einem Topf Olivenöl erhitzen und die Zwiebeln glasig anbraten.
- Den Reis hinzufügen und kurz anrösten, bis er glänzend wird.
- Nach und nach heiße Gemüsebrühe hinzufügen, dabei ständig rühren.
- Nach 15 Minuten die Rote Bete hinzufügen und kochen, bis der Reis cremig und bissfest ist.
- Mit Salz und Pfeffer abschmecken und mit Ziegenkäse servieren.

5. Gnocchi mit Erbsencreme

   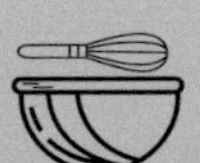

Vorbereitungszeit:	Kochzeit:	Portionen:	Schwierigkeit:
5 Minuten	15-20 Minuten	4	Einfach

Zutaten:

- 500 g Kartoffelgnocchi
- 460 g gefrorene Erbsen
- 220 ml Kokosmilch
- 25 g geriebener Pecorino-Käse
- 30 g Butter
- Frische Minze
- Salz und Pfeffer nach Geschmack

Zubereitung:

- Gnocchi kochen, abgießen und beiseite stellen.
- Erbsen kochen, abgießen, mit Kokosmilch und Minze pürieren.
- Butter in einer Pfanne schmelzen, Gnocchi dazugeben und mit Erbsenpüree mischen.
- Mit Pecorino-Käse, Salz und Pfeffer und servieren.

6. Kalte Nudeln mit Kirschtomaten und Ricotta

   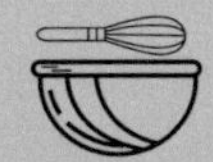

Vorbereitungszeit:	Kochzeit:	Portionen:	Schwierigkeit:
10 Minuten	10-12 Minuten	4-6	Einfach

Zutaten:

- 500 g Fusilli-Nudeln
- 230 g halbierte Cherrytomaten
- 250 g Ziegenkäse
- Basilikum
- 2 Esslöffel Olivenöl
- 1 Esslöffel Balsamico-Essig
- Salz und Pfeffer

Zubereitung:

- Nudeln kochen, abkühlen lassen.
- Nudeln mit Tomaten, Ziegenkäse und Basilikum mischen.
- Dressing aus Olivenöl, Balsamico, Salz und Pfeffer zubereiten und über die Pasta geben.
- Im Kühlschrank kalt stellen, servieren.

7. Spaghetti mit Rucola und getrockneten Tomaten

 **Vorbereitungszeit:** 10 Minuten

 **Kochzeit:** 15-20 Minuten

 **Portionen:** 4-6

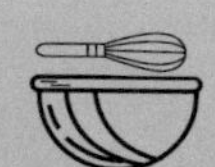 **Schwierigkeit:** Einfach

Zutaten:

- 500 g Spaghetti
- 100 g getrocknete Tomaten, in Öl eingelegt
- 60 g geröstete Pinienkerne
- 110 ml Schlagsahne
- 2 gehackte Knoblauchzehen
- 2 Esslöffel Olivenöl
- Frischer Rucola
- Salz und Pfeffer nach Geschmack

Zubereitung:

- Wasser zum Kochen bringen, salzen und die Spaghetti nach Packungsanweisung kochen. Den Knoblauch 1-2 Minuten lang anbraten, bis er duftet.
- Die Pinienkerne hinzufügen und 3-4 Minuten lang rösten, bis sie goldgelb und knusprig sind.
- Die Spaghetti abgießen und in die Pfanne geben.
- Die gehackten sonnengetrockneten Tomaten und die Schlagsahne dazugeben und gut vermischen.
- Die Spaghetti bei schwacher Hitze unter Rühren erhitzen, bis sie mit einer cremigen Sauce überzogen sind.
- Mit Salz und Pfeffer abschmecken.
- Mit frischem Rucola servieren und mit gerösteten Pinienkernen bestreuen.
- Sofort heiß servieren und genießen.

8. Quinoa-Salat mit geröstetem Gemüse

   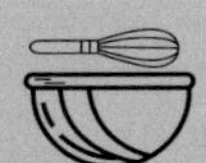

Vorbereitungszeit:	Kochzeit:	Portionen:	Schwierigkeit:
15 Minuten	30 Minuten	4 Personen	Einfach

Zutaten:

- 200 g Quinoa
- 1 Zucchini, in Würfel geschnitten
- 1 rote Paprika, in Würfel geschnitten
- 1 Aubergine, in Würfel geschnitten
- 50 g Feta, zerbröckelt
- 3 Esslöffel Olivenöl
- Saft einer Zitrone
- Salz und Pfeffer nach Geschmack

Zubereitung:

- Quinoa nach Packungsanweisung kochen und abkühlen lassen.
- Gemüse mit Olivenöl beträufeln und im Ofen bei 200°C 20 Minuten rösten.
- Geröstetes Gemüse, Quinoa, Feta, Zitronensaft, Salz und Pfeffer mischen.
- Als warmen Salat servieren oder kalt stellen für später.

9. Gemüse-Paella

   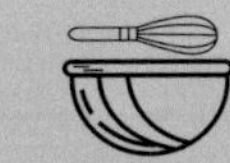

Vorbereitungszeit:	Kochzeit:	Portionen:	Schwierigkeit:
10 Minuten	15-20 Minuten	2-3	Mittel

Zutaten:

- 200 g Paella-Reis
- 1 rote Paprika, in Streifen geschnitten
- 1 grüne Paprika, in Streifen geschnitten
- 100 g grüne Bohnen, geschnitten
- 1 Dose Tomaten, gewürfelt
- 1 Liter Gemüsebrühe
- 1 Teelöffel Paprikapulver
- Safranfäden
- 3 Esslöffel Olivenöl
- Salz und Pfeffer

Zubereitung:

- In einer großen Pfanne Olivenöl erhitzen und die Paprika und Bohnen anbraten.
- Reis hinzufügen und kurz mitbraten.
- Tomaten, Paprikapulver, Safran und Gemüsebrühe hinzufügen.
- Bei mittlerer Hitze kochen, bis der Reis die Flüssigkeit aufgenommen hat und weich ist.
- Mit Salz und Pfeffer und heiß servieren.

10. Kürbisklöße

   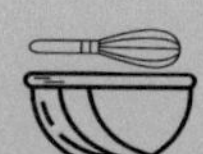

Vorbereitungszeit:	Kochzeit:	Portionen:	Schwierigkeit:
30 Minuten	20-25 Minuten	4	Mittel

Zutaten:

- 1 kleiner Kürbis (ca. 500 g), geschält, 1 kleiner Kürbis (ca. 500 g), geschält, entkernt, gewürfelt
- 200 g Mehl
- 1 leicht verquirltes Ei
- ½ TL Salz
- ¼ TL Muskatnuss
- ¼ TL gemahlener Zimt
- Butter
- Salbeiblätter
- Geriebener Parmesankäse

Zubereitung:

- Die Kürbiswürfel in Salzwasser ca. 15 Min. weich kochen, dann abgießen und pürieren.
- Kürbispüree, Mehl, Ei, Salz, Muskatnuss und Zimt mischen und zu einem glatten Teig kneten.
- Den Teig ausrollen und in kleine Stücke schneiden.
- Die Gnocchi in kochendem Salzwasser kochen, bis sie an die Oberfläche steigen, etwa 3-4 Minuten.
- Die Butter in einer Pfanne schmelzen, die Salbeiblätter hinzufügen und anbraten.
- Die gekochten Gnocchi in die Pfanne geben, mit Salz und Pfeffer würzen.
- Heiß mit Parmesankäse servieren.

11. Penne mit Schinken und Erbsen

   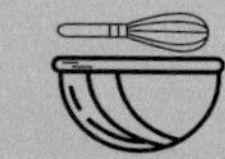

Vorbereitungszeit:	Kochzeit:	Portionen:	Schwierigkeit:
10 Minuten	15-20 Minuten	4-6	Einfach

Zutaten:

- 500 g Penne-Nudeln
- 30 g Butter
- 60 g gewürfelter gekochter Schinken
- 115 g gefrorene Erbsen
- 110 g Sahne
- 50 g geriebener Parmesankäse

Zubereitung:

- Penne nach Anleitung kochen, abgießen.
- In einer Pfanne Butter schmelzen, Schinken darin anbraten.
- Erbsen hinzufügen, kurz mitgaren.
- Sahne einrühren, aufkochen lassen, bis sie eindickt.
- Nudeln zugeben, mit Sauce mischen.
- Parmesan einrühren, mit Salz und Pfeffer.
- Heiß servieren, optional mit Parmesan und Petersilie garnieren.

12. Nudeln mit Lachs und roten Zwiebeln

   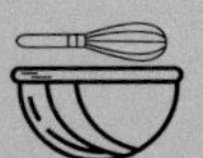

| Vorbereitungszeit: 15 Minuten | Kochzeit: 20-25 Minuten | Portionen: 3-4 | Schwierigkeit: Mittel |

Zutaten:

- 340 g Nudeln
- 230 g frischer Lachs, gewürfelt
- 1 kleine rote Zwiebel, gehackt
- 50 g Olivenöl
- 2 Knoblauchzehen, gehackt
- 115 ml trockener Weißwein
- 125 ml Sahne

Zubereitung:

- Nudeln al dente kochen, abgießen.
- Olivenöl in einer Pfanne erhitzen, Zwiebel und Knoblauch anbraten.
- Lachs zugeben, anbraten.
- Weißwein hinzufügen, reduzieren lassen.
- Sahne einrühren, eindicken lassen.
- Nudeln unterheben, mit Salz und Pfeffer.
- Mit Petersilie garnieren und servieren.

13. Polenta mit Pilzen und Gorgonzolasauce

   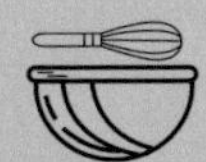

| Vorbereitungszeit: 10 Minuten | Kochzeit: 20 Minuten | Portionen: 4 Personen | Schwierigkeit: Mittel |

Zutaten:

- 250 g Polenta
- 300 g gemischte Pilze (z.B. Champignons, Shiitake)
- 100 g Gorgonzola, zerbröckelt
- 500 ml Gemüsebrühe
- 2 Esslöffel Butter
- Salz und Pfeffer

Zubereitung:

- Polenta nach Packungsanweisung in Gemüsebrühe kochen.
- In einer Pfanne Butter erhitzen, Pilze anbraten, bis sie weich sind.
- Gorgonzola zur Polenta hinzufügen und schmelzen lassen.
- Polenta mit Pilzen anrichten, mit Salz und Pfeffer abschmecken.

14. Linsen-Dhal mit Spinat

   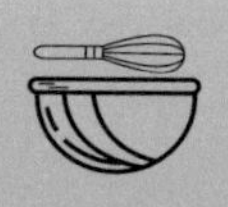

Vorbereitungszeit:
10 Minuten

Kochzeit:
30 Minuten

Portionen:
4 Personen

Schwierigkeit:
Einfach

Zutaten:

- 200 g rote Linsen
- 200 g frischer Spinat, gehackt
- 1 Zwiebel, fein gehackt
- 2 Knoblauchzehen, zerdrückt
- 1 Teelöffel Kurkuma
- 1 Teelöffel gemahlener Koriander
- 1 Teelöffel gemahlener Kreuzkümmel
- 500 ml Gemüsebrühe
- 2 Esslöffel Öl
- Salz und Pfeffer

Zubereitung:

- Zwiebel und Knoblauch in einer Pfanne anbraten.
- Kurkuma, Koriander und Kreuzkümmel zugeben und kurz mitbraten.
- Linsen und Gemüsebrühe hinzufügen und bei mittlerer Hitze kochen, bis die Linsen weich sind.
- Den Spinat kochen, bis er weich ist.
- Mit Salz und Pfeffer würzen und heiß servieren.

15. Kartoffelgratin mit Blumenkohl

   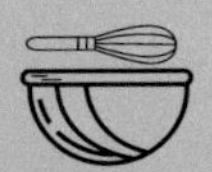

Vorbereitungszeit:
15 Minuten

Kochzeit:
45 Minuten

Portionen:
4 Personen

Schwierigkeit:
Mittel

Zutaten:

- 500 g Kartoffeln, in Scheiben geschnitten
- 1 kleiner Blumenkohl, in Röschen geteilt
- 200 ml Sahne
- 100 g geriebener Käse (z.B. Gruyère)
- 2 Knoblauchzehen, zerdrückt
- Muskatnuss
- Salz und Pfeffer nach Geschmack

Zubereitung:

- Heizen Sie Ihren Backofen auf 180°C vor.
- Fetten Sie eine Auflaufform mit Butter ein, um ein Anhaften des Gemüses zu verhindern.
- Schichten Sie die Kartoffelscheiben und Blumenkohlröschen abwechselnd in der Form. Sie können mit einer Schicht Kartoffeln beginnen und mit einer Schicht Blumenkohl abschließen.
- In einer kleinen Schüssel die Sahne mit dem fein gehackten oder gepressten Knoblauch, einer Prise Muskatnuss, Salz und Pfeffer vermischen. Die Mischung sollte gut gewürzt sein.
- Gießen Sie die Sahne-Knoblauch-Mischung gleichmäßig über die geschichteten Kartoffeln und den Blumenkohl in der Auflaufform.
- Streuen Sie den geriebenen Käse über die Oberseite des Auflaufs.
- Backen Sie den Auflauf im vorgeheizten Ofen für etwa 45 Minuten. Die Backzeit kann variieren, je nachdem, wie dick die Kartoffelscheiben sind. Der Auflauf ist fertig, wenn die Oberfläche goldbraun ist und die Kartoffeln weich sind.
- Nehmen Sie den Auflauf aus dem Ofen und lassen Sie ihn vor dem Servieren einige Minuten ruhen.

16. Nudeln mit rotem Pesto

 **Vorbereitungszeit:**
10 Minuten

 **Kochzeit:**
10-12 Minuten

 **Portionen:**
4-6

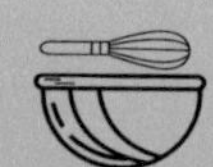 **Schwierigkeit:**
Einfach

Zutaten:

- 500 g Spaghetti
- 100 g getrocknete Tomaten, abgetropft und zerkleinert
- 125 g geröstete rote Paprika, abgetropft und gehackt
- 50 g geriebener Parmesankäse
- 25 g Pinienkerne
- 2 Knoblauchzehen, gehackt
- 50 g Olivenöl
- Salz und Pfeffer

Zubereitung:

- Einen Topf mit Salzwasser zum Kochen bringen. Die Spaghetti hinzufügen und nach Packungsanweisung bissfest kochen.
- Während die Spaghetti kochen, kombinieren Sie in einer Küchenmaschine die getrockneten Tomaten, geröstete rote Paprika, Parmesankäse, Pinienkerne, gehackten Knoblauch, Olivenöl sowie eine Prise Salz und Pfeffer.
- Pürieren Sie die Zutaten, bis eine gleichmäßige, leicht stückige Pesto-Textur entsteht.
- Nachdem die Spaghetti gekocht sind, gießen Sie das Wasser ab und geben Sie die Spaghetti zurück in den Topf.
- Geben Sie das rote Pesto zu den Spaghetti und vermengen Sie alles gut, sodass die Spaghetti gleichmäßig mit der Sauce bedeckt sind.
- Servieren Sie die Nudeln heiß. Optional können Sie zusätzlichen Parmesankäse und frisch gemahlenen schwarzen Pfeffer darüberstreuen.

17. Lachs-Risotto

Vorbereitungszeit:	*Kochzeit:*	*Portionen:*	*Schwierigkeit:*
15 Minuten	*30-35 Minuten*	*4*	*Mittel*

Zutaten:

- 250 g Arborio-Reis
- 1 L Hühner- oder Gemüsebrühe
- 1 Zwiebel, gewürfelt
- 2 Knoblauchzehen, gehackt
- 60 g Weißwein
- 500 g frisches Lachsfilet, in Stücke geschnitten
- 50 g geriebener Parmesankäse
- 30 g Butter
- Salz und Pfeffe

Zubereitung:

- Die Brühe erhitzen und während der gesamten Kochzeit des Risottos heiß halten.
- In einem großen Topf die Butter bei mittlerer Hitze schmelzen. Die gewürfelte Zwiebel hinzugeben und etwa 5-7 Minuten anbraten.
- Den gehackten Knoblauch hinzugeben und etwa eine Minute lang anbraten.
- Den Arborio-Reis zugeben und umrühren, damit jedes Reiskorn von der Butter-Zwiebel-Mischung bedeckt ist.
- Den Weißwein in die Pfanne gießen und rühren, bis er vollständig verdampft ist.
- Unter ständigem Rühren die heiße Brühe hinzugeben und warten, bis der Reis die Flüssigkeit fast vollständig aufgesogen hat, bevor der nächste Schöpflöffel hinzugegeben wird. Etwa 20 Minuten lang weiterkochen.
- In den letzten 5 Minuten der Garzeit die Lachsstücke hinzugeben und vorsichtig umrühren, bis der Lachs gar ist.
- Zum Schluss mit Salz und Pfeffer abschmecken und das Risotto heiß servieren.

Vorbereitungszeit:
10 Minuten

Kochzeit:
15-20 Minuten

Portionen:
4-6

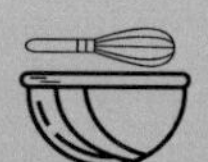

Schwierigkeit:
Einfach

Zutaten:

- 500 g Spaghetti
- 120 g Semmelbrösel
- 60 g Olivenöl
- 4 Knoblauchzehen, gehackt
- 4 Sardellenfilets
- 20 g frische Minzblätter, gehackt
- Salz und Pfeffer

Zubereitung:

- Kochen Sie die Spaghetti in einem großen Topf mit kochendem Salzwasser nach Packungsanweisung. Gießen Sie sie ab und stellen Sie sie beiseite.
- Erhitzen Sie 4 Esslöffel Olivenöl in einer Pfanne bei mittlerer Hitze. Fügen Sie den gehackten Knoblauch und die Sardellenfilets hinzu. Braten Sie sie unter Rühren, bis sich die Sardellen auflösen.
- Geben Sie die Semmelbrösel in die Pfanne und rösten Sie sie mit der Knoblauch-Sardellen-Mischung, bis sie goldbraun und knusprig sind, etwa 5 Min.
- Nehmen Sie die Pfanne vom Herd und rühren Sie die gehackten Minzblätter unter die Bröselmischung.
- Erhitzen Sie 2 Esslöffel Olivenöl in dem Topf, in dem die Spaghetti gekocht wurden, bei mittlerer bis hoher Hitze. Fügen Sie die gekochten Spaghetti hinzu und schwenken Sie sie, um sie mit dem Öl zu überziehen.
- Servieren Sie die Spaghetti auf Tellern und bestreuen Sie jede Portion großzügig mit der Semmelbröselmischung.

19. Linguine mit Zitrone und Thunfisch

   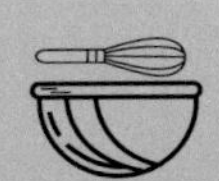

Vorbereitungszeit:
10 Minuten

Kochzeit:
10-12 Minuten

Portionen:
4-6

Schwierigkeit:
Einfach

Zutaten:

- 500 g Linguine
- 2 Dosen Thunfisch, abgetropft
- 2 Knoblauchzehen, gehackt
- 20 g Olivenöl
- 60 g frischer Zitronensaft
- Schale von 1 Zitrone
- 10 g frische Petersilie, gehackt
- Salz und Pfeffer

Zubereitung:

- Salzwasser zum Kochen bringen und die Linguine nach Packungsanweisung kochen.
- Das Olivenöl in einer Bratpfanne bei mittlerer Hitze erhitzen. Den gehackten Knoblauch hinzugeben und 1-2 Minuten goldbraun braten.
- Den Thunfisch zugeben und 2-3 Minuten braten, bis er gar ist.
- Den Zitronensaft und die Zitronenschale in die Pfanne geben und gut vermischen.
- Die gekochten Linguine in die Pfanne mit der Thunfischmischung geben und schwenken, um die Nudeln mit der Sauce zu überziehen.
- Gehackte Petersilie hinzufügen, mit Salz und Pfeffer abschmecken und heiß servieren.

20. Nudeln mit Radicchio und Speck

 **Vorbereitungszeit:**
10 Minuten

 **Kochzeit:**
15-20 Minuten

 **Portionen:**
4-6

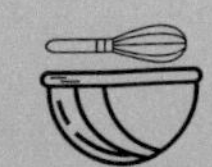 **Schwierigkeit:**
Einfach

Zutaten:

- 1 Pfund (500 g) Nudeln (Penne, Rigatoni oder Fusilli)
- 1 Kopf Radicchio, in dünne Scheiben geschnitten
- 4-5 Streifen Speck, gewürfelt
- 1/4 Tasse (25 g) geriebener Parmesankäse
- 2 Löffel Olivenöl
- Salz und Pfeffer

Zubereitung:

- Die Nudeln in kochendem Salzwasser nach Packungsanweisung kochen.
- In einer anderen Pfanne den gehackten Speck in Olivenöl bei mittlerer Hitze knusprig braten, dabei gelegentlich umrühren.
- Den gehackten Radicchio zum Speck geben und 2-3 Minuten kochen, bis der Radicchio verwelkt ist.
- Die gekochten Nudeln mit der Radicchio-Speck-Mischung hinzufügen und umrühren.
- Den geriebenen Parmesankäse unterheben und mit Salz und Pfeffer abschmecken.

Vorbereitungszeit:
10 Minuten

Kochzeit:
15-20 Minuten

Portionen:
4

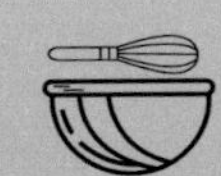

Schwierigkeit:
Einfach

Zutaten:

- 14 Unzen (400 g) Spaghetti
- 10 Unzen (300 g) frischer Spinat
- 7 Unzen (200 g) Ricotta-Käse
- 2 gehackte Knoblauchzehen
- 2 Löffel Olivenöl
- Salz und Pfeffer
- geriebener Parmesankäse

Zubereitung:

- Die Spaghetti nach Packungsanweisung al dente kochen.
- Den Blattspinat waschen und die Stiele entfernen. Gut abtropfen lassen und die Blätter hacken.
- Das Olivenöl in einer Pfanne bei mittlerer Hitze erhitzen und den gehackten Knoblauch hinzugeben und etwa 1 bis 2 Minuten braten, bis er duftet.
- Den Spinat hinzugeben und umrühren, bis er verwelkt ist.
- In einer Schüssel den Ricotta-Käse mit einer Prise Salz und Pfeffer verrühren.
- Die Spaghetti abtropfen lassen und mit dem Spinat in die Pfanne geben.
- Den Ricotta in die Pfanne geben und umrühren, bis alles gut vermischt ist.
- Die Spaghetti mit geriebenem Parmesankäse bestreut servieren.

   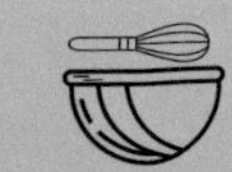

Vorbereitungszeit:	*Kochzeit:*	*Portionen:*	*Schwierigkeit:*
5 Minuten	*15-20 Minuten*	*3-4*	*Einfach*

Zutaten:

- 14 Unzen (400 g) Fettuccine-Nudeln
- 4 Löffel (60 g) ungesalzene Butter
- 1/2 Tasse (125 g) Sahne
- 1/2 Tasse (50 g) geriebener Parmesankäse
- 2 Löffel Trüffelöl
- Salz und Pfeffer
- Frische gehackte Petersilie

Zubereitung:

- Die Fettuccine nach Packungsangabe "al dente" (bissfest) kochen.
- In einer großen Pfanne die Butter bei mittlerer Hitze schmelzen. Die Sahne hinzufügen und verrühren.
- Den geriebenen Parmesankäse in die Pfanne geben und rühren, bis er geschmolzen ist.
- Das Trüffelöl einrühren und mit Salz und Pfeffer abschmecken.
- Die Fettuccine abgießen und in die Pfanne mit der Trüffelsauce geben. Schwenken, um sie zu vermengen.
- Die Nudeln mit gehackter frischer Petersilie bestreut servieren.

23. Nudeln mit Gorgonzola

   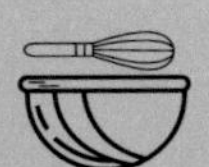

Vorbereitungszeit:
15 Minuten

Kochzeit:
15 Minuten

Portionen:
4

Schwierigkeit:
Einfach

Zutaten:

- 14 Unzen (400 g) Nudeln (Penne, Fusilli oder ähnlich)
- 5 Unzen (150 g) Gorgonzolakäse
- 1/2 Tasse (125 g) Sahne
- 2 Löffel (30 g) ungesalzene Butter
- 1/4 Tasse (25 g) geriebener Parmesankäse
- Salz und Pfeffer
- Frische gehackte Petersilie

Zubereitung:

- Die Nudeln nach Packungsangabe "al dente" (bissfest) kochen.
- Die Butter in einer Pfanne bei mittlerer Hitze schmelzen.
- Den Gorgonzola-Käse und die Sahne hinzufügen, bis die Masse glatt ist.Den geriebenen Parmesankäse in die Pfanne geben und rühren, bis er geschmolzen ist.
- Die Soße mit Salz und Pfeffer abschmecken.
- Die Nudeln abgießen und in die Pfanne mit der Gorgonzolasauce geben. Schwenken, um sie zu kombinieren.
- Die Nudeln mit gehackter frischer Petersilie bestreut servieren.

BEILAGEN

Vorbereitungszeit:
10 Minuten

Kochzeit:
15 Minuten

Portionen:
4

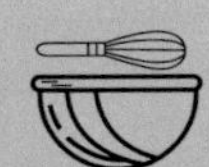

Schwierigkeit:
Einfach

Zutaten:

- 500 g frische Sojabohnensprossen
- 2 Esslöffel Pflanzenöl
- 2 fein gehackte Knoblauchzehen
- 1 Esslöffel hochwertige Sojasauce
- Salz und frisch gemahlener schwarzer Pfeffer nach Geschmack

Zubereitung:

- Die Sojabohnensprossen unter fließendem Wasser waschen und in einem Sieb gründlich abtropfen lassen.
- Erhitzen Sie das Pflanzenöl in einem Wok oder einer großen Pfanne auf mittlerer bis hoher Stufe. Das Öl sollte heiß sein, aber nicht rauchen.
- Fügen Sie den fein gehackten Knoblauch hinzu und braten Sie ihn kurz an, bis er aromatisch duftet, aber nicht verbrennt, etwa 30 Sekunden.
- Geben Sie die Sojabohnensprossen in den Wok und rühren Sie um, damit sie gleichmäßig im Öl und Knoblauch verteilt sind.
- Gießen Sie die Sojasauce über die Sprossen und braten Sie sie unter ständigem Rühren für 3 bis 5 Minuten. Die Sprossen sollten zart, aber noch leicht knackig sein.
- Schmecken Sie das Gericht mit Salz und frisch gemahlenem schwarzen Pfeffer ab. Passen Sie die Würze nach Ihrem Geschmack an.
- Servieren Sie die knusprigen Sojabohnensprossen heiß als Beilage zu Ihren Lieblingsgerichten. Sie passen hervorragend zu Reisgerichten oder als Teil eines asiatischen Menüs.

2. Pfannengeröstete Champignons mit Knoblauch

   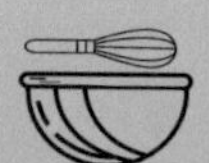

Vorbereitungszeit:
10 Minuten

Kochzeit:
15 Minuten

Portionen:
4

Schwierigkeit:
Einfach

Zutaten:

- 500 g Champignons, in Scheiben geschnitten
- 2 Esslöffel Pflanzenöl
- 2 Knoblauchzehen, fein gehackt
- Salz und frisch gemahlener schwarzer Pfeffer

Zubereitung:

- Pflanzenöl in einer Pfanne bei mittlerer bis hoher Hitze erhitzen.
- Den gehackten Knoblauch anbraten, bis er duftet.
- Die Pilze hinzufügen und 5-7 Minuten unter ständigem Rühren braten, bis sie weich und leicht gebräunt sind.

Mit Salz und Pfeffer würzen und als köstliche Beilage servieren..

3. Senf-Artischocken aus der Pfanne

Vorbereitungszeit:
10 Minuten

Kochzeit:
15 Minuten

Portionen:
4

Schwierigkeit:
Einfach

Zutaten:

- 2 große Artischocken, geputzt und geviertelt
- 2 Esslöffel Pflanzenöl
- 2 Esslöffel Dijon-Senf
- Salz und Pfeffer

Zubereitung:

- In einer großen Pfanne das Öl auf mittlerer bis hoher Stufe erhitzen.
- Die Artischockenviertel in die Pfanne geben und 5-7 Minuten anbraten, bis sie auf allen Seiten leicht gebräunt sind.
- Den Dijon-Senf dazugeben und die Artischocken darin wenden, sodass sie gleichmäßig mit dem Senf bedeckt sind.

Mit Salz und Pfeffer abschmecken und als geschmackvolle, leicht würzige Beilage servieren.

4. Würzig angebratene Karottenscheiben

   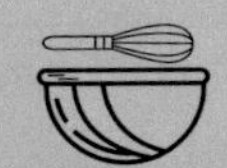

Vorbereitungszeit:
10 Minuten

Kochzeit:
15 Minuten

Portionen:
4

Schwierigkeit:
Einfach

Zutaten:

- 500 g Möhren, geschält und in Scheiben geschnitten
- 2 Esslöffel Pflanzenöl
- 1 Teelöffel rote Paprikaflocken
- Salz und frisch gemahlener schwarzer Pfeffer nach Geschmack

Zubereitung:

- Erhitzen Sie das Pflanzenöl in einer großen Pfanne auf mittlerer bis hoher Stufe.
- Fügen Sie die Karottenscheiben hinzu und braten Sie sie unter ständigem Rühren etwa 5-7 Minuten, bis sie weich und leicht gebräunt sind.
- Streuen Sie die roten Paprikaflocken über die Karotten und rühren Sie gut um, damit sie gleichmäßig bedeckt sind.
- Würzen Sie die Karotten mit Salz und Pfeffer nach Ihrem Geschmack.
- Servieren Sie die würzigen Karottenscheiben heiß als schmackhafte und farbenfrohe Beilage zu Ihren Lieblingsgerichten. Sie eignen sich besonders gut zu gebratenem Fleisch oder als Teil eines vegetarischen Menüs.

5. Im Ofen gerösteter Rosenkohl mit Olivenöl

   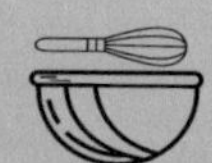

Vorbereitungszeit:
10 Minuten

Kochzeit:
20 Minuten

Portionen:
4

Schwierigkeit:
Einfach

Zutaten:

- 500 g frischer Rosenkohl, geputzt
- 2 Esslöffel Olivenöl
- Salz und Pfeffer

Zubereitung:

- Heizen Sie Ihren Ofen auf 200°C (400°F) vor.
- Bereiten Sie den Rosenkohl vor, indem Sie die äußeren Blätter entfernen und die Stiele abschneiden. Halbieren Sie größere Röschen, damit sie gleichmäßig garen.
- Verteilen Sie den Rosenkohl auf einem Backblech.
- Beträufeln Sie den Rosenkohl gleichmäßig mit Olivenöl. Stellen Sie sicher, dass jedes Röschen leicht mit Öl bedeckt ist.
- Würzen Sie den Rosenkohl mit Salz und Pfeffer. Verteilen Sie die Gewürze gleichmäßig.
- Rösten Sie den Rosenkohl im vorgeheizten Ofen für 20-25 Minuten. Rühren Sie ihn zur Hälfte der Backzeit einmal um, damit er auf allen Seiten schön braun und knusprig wird.
- Der Rosenkohl ist fertig, wenn er außen knusprig und innen zart ist.
- Servieren Sie den gerösteten Rosenkohl heiß als köstliche und gesunde Beilage zu Fleischgerichten oder als Teil eines vegetarischen Essens. Guten Appetit!.

6. Gerösteter Spargel mit Parmesan

 **Vorbereitungszeit:** 5 Minuten

 **Kochzeit:** 15 Minuten

 **Portionen:** 4 Personen

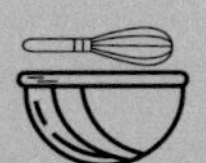 **Schwierigkeit:** Einfach

Zutaten:

- 500 g grüner Spargel, Enden abgeschnitten
- 50 g Parmesan, gerieben
- 2 Esslöffel Olivenöl
- Salz und Pfeffer

Zubereitung:

- Die gewürfelten Kartoffeln in eine mikrowellengeeignete Schüssel geben.
- Die Butter hinzufügen und mit Salz und Pfeffer würzen.
- Die Schale mit Plastikfolie abdecken und 8-10 Minuten auf höchster Stufe in der Mikrowelle garen, bis die Kartoffeln weich sind.
- Heiß als Beilage servieren.

7. Süßkartoffel-Pommes mit Aioli

 **Vorbereitungszeit:** 15 Minuten

 **Kochzeit:** 20 Minuten

 **Portionen:** 4

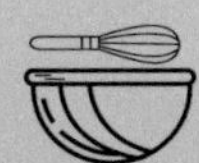 **Schwierigkeit:** Mittel

Zutaten:

- 2 große Süßkartoffeln, in Streifen geschnitten
- 3 Esslöffel Olivenöl
- Salz und Paprikapulver nach Geschmack
- Aioli zum Dippen

Zubereitung:

- Den Backofen auf 400°F (200°C) vorheizen.
- In einer großen Schüssel die gewürfelten Kartoffeln, die in Scheiben geschnittene rote Paprika, Olivenöl, Salz, schwarzen Pfeffer und Thymian vermengen. So lange schwenken, bis das Gemüse gleichmäßig mit dem Öl und den Gewürzen bedeckt ist.
- Das Gemüse in einer einzigen Schicht auf einem Backblech ausbreiten.
- Die Kartoffeln 20-25 Minuten im Ofen rösten, bis sie weich und goldbraun sind.

8. Geröstete Kichererbsen

 **Vorbereitungszeit:** 15 Minuten

 **Kochzeit:** 15 Minuten

 **Portionen:** 4

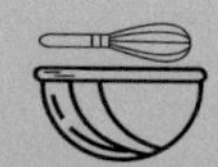 **Schwierigkeit:** Mittel

Zutaten:

- 400 g Kichererbsen, abgetropft und getrocknet
- 2 Esslöffel Olivenöl
- 1 Teelöffel Kreuzkümmel
- Salz und Chilipulver nach Geschmack

Zubereitung:

- In In einer flachen Schüssel Mehl, Salz und schwarzen Pfeffer vermischen.
- Jede Zucchinirunde in die Mehlmischung tauchen und den Überschuss abschütteln.
- Die mit Mehl bestäubten Zucchini in die verquirlten Eier tauchen, dann in den Semmelbröseln wälzen und andrücken, damit die Brösel haften bleiben.
- In einer großen Pfanne 2,5 cm Pflanzenöl auf mittlerer bis hoher Stufe erhitzen.
- Die Zucchiniröschen nacheinander 2-3 Minuten pro Seite braten, bis sie goldbraun und knusprig sind.
- Auf Papiertüchern abtropfen lassen und heiß servieren.

   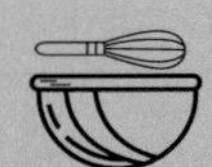

Vorbereitungszeit: *15 Minuten*	*Kochzeit:* *20 Minuten*	*Portionen:* *4*	*Schwierigkeit:* *Mittel*

Zutaten:

- 1 großer Blumenkohl, in Röschen geteilt
- 2 Esslöffel Olivenöl
- 1 Teelöffel Salz
- 1/2 Teelöffel frisch gemahlener schwarzer Pfeffer
- 1 Teelöffel Knoblauchpulver
- 1 Teelöffel Paprikapulver

Zubereitung:

- Heizen Sie Ihren Ofen auf 220°C (425°F) vor.
- In einer großen Schüssel die Blumenkohlröschen mit Olivenöl, Salz, schwarzem Pfeffer, Knoblauchpulver und Paprikapulver vermengen. Stellen Sie sicher, dass alle Röschen gleichmäßig mit der Würzmischung bedeckt sind.
- Verteilen Sie die gewürzten Blumenkohlröschen in einer einzigen Schicht auf einem mit Backpapier ausgelegten Backblech. Vermeiden Sie es, die Röschen zu überladen, damit sie gleichmäßig rösten können.
- Rösten Sie den Blumenkohl im vorgeheizten Ofen für 20-25 Minuten. Wenden Sie ihn zur Halbzeit, um eine gleichmäßige Bräunung zu erreichen.
- Der Blumenkohl ist fertig, wenn er weich ist und eine schöne goldbraune Farbe angenommen hat.
- Heiß als Beilage zu einer Vielzahl von Gerichten servieren. Der geröstete Blumenkohl eignet sich hervorragend als gesunde und schmackhafte Beilage zu Fleisch- oder Fischgerichten oder kann als Teil eines vegetarischen Menüs genossen werden.

 **Vorbereitungszeit:** 20 Minuten

 **Kochzeit:** 20 Minuten

 **Portionen:** 4

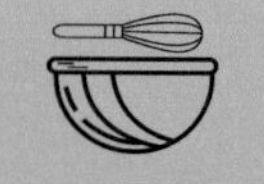 **Schwierigkeit:** Mittel

Zutaten:

- 4 große Artischocken
- 140 g Semmelbrösel
- 50 g geriebener Parmesankäse
- 10 g gehackte frische Petersilie
- 10 g gehacktes Basilikum
- 10 g gehackte frische Minze
- 2 Knoblauchzehen, fein gehackt
- 50 g Olivenöl
- Salz und frisch gemahlener schwarzer Pfeffer
- 500 g Tomatensoße

Zubereitung:

- Heizen Sie den Backofen auf 190°C (375°F) vor.
- Bereiten Sie die Artischocken vor: Entfernen Sie die harten äußeren Blätter und schneiden Sie die Spitzen ab, um die zarten Blätter freizulegen. Schneiden Sie die oberen Enden der Artischocken ab und entfernen Sie mit einer Küchenschere die stacheligen Spitzen.
- Mischen Sie in einer Schüssel die Semmelbrösel, den Parmesankäse, die gehackte Petersilie, das Basilikum, die Minze, den Knoblauch, das Olivenöl sowie Salz und Pfeffer.
- Füllen Sie die Mischung vorsichtig zwischen die Blätter der Artischocken, sodass sie gut gefüllt sind.
- Platzieren Sie die gefüllten Artischocken in einer Auflaufform und gießen Sie die Tomatensoße darüber.
- Decken Sie die Form mit Alufolie ab und backen Sie die Artischocken für etwa 1 Stunde, bis sie weich sind.
- Servieren Sie die gefüllten Artischockenherzen in Tomatensauce heiß als köstliche und elegante Beilage oder als Hauptgericht. Guten Appetit!

   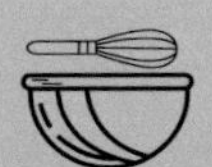

Vorbereitungszeit:	*Kochzeit:*	*Portionen:*	*Schwierigkeit:*
25 Minuten	*20 Minuten*	*4*	*Mittel*

Zutaten:

- 4 mittelgroße Kartoffeln
- 2 Esslöffel Olivenöl
- 1 Teelöffel Knoblauchpulver
- Salz und frisch gemahlener schwarzer Pfeffer
- 125 g Ranch-Dressing

Zubereitung:

- Heizen Sie Ihren Backofen auf 200°C (400°F) vor.
- Waschen und schrubben Sie die Kartoffeln gründlich. Stechen Sie sie mit einer Gabel an verschiedenen Stellen ein, damit Dampf während des Backens entweichen kann.
- In einer kleinen Schüssel Olivenöl mit Knoblauchpulver, Salz und Pfeffer mischen.
- Reiben Sie die Kartoffeln rundherum mit der Öl-Gewürz-Mischung ein. Achten Sie darauf, dass die gesamte Oberfläche bedeckt ist.
- Legen Sie die Kartoffeln auf ein mit Backpapier ausgelegtes Backblech.
- Backen Sie die Kartoffeln für 40-45 Minuten im vorgeheizten Ofen, oder bis sie innen weich und außen knusprig sind.
- Nehmen Sie die Kartoffeln aus dem Ofen und lassen Sie sie einige Minuten abkühlen.
- Halbieren Sie die Kartoffeln und geben Sie großzügig Ranch-Dressing darüber.
- Servieren Sie die ofengebackenen Kartoffeln heiß als köstliche Beilage oder als Hauptgericht. Sie eignen sich hervorragend zu gegrilltem Fleisch oder Salaten.

   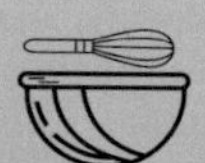

Vorbereitungszeit:	Kochzeit:	Portionen:	Schwierigkeit:
15 Minuten	20 Minuten	4	Mittel

Zutaten:

- 1 kleiner Kopf Weißkohl, fein gehackt
- 1 große Zwiebel, fein gehackt
- 2 Knoblauchzehen, fein gehackt
- 1-2 grüne Chilischoten, fein gehackt (je nach Schärfewunsch)
- 1 Teelöffel Kreuzkümmelsamen
- 1 Teelöffel Senfkörner
- 1 Teelöffel Kurkumapulver
- 1 Teelöffel rotes Chilipulver
- Salz nach Geschmack
- 1 Esslöffel Öl
- Frische Korianderblätter zum Garnieren

Zubereitung:

- Das Öl in einer Pfanne bei mittlerer Hitze erhitzen und die Kreuzkümmel- und Senfkörner hinzufügen, bis sie knistern.
- Geben Sie die gehackte Zwiebel in die Pfanne und braten Sie sie, bis sie durchsichtig und leicht goldbraun wird.
- Fügen Sie den gehackten Knoblauch und die gehackten grünen Chilischoten hinzu. Braten Sie sie kurz mit, um die Aromen zu entfalten.
- Geben Sie den gehackten Kohl hinzu und streuen Sie das Kurkumapulver, das rote Chilipulver und Salz darüber. Rühren Sie alles gut um, damit die Gewürze gleichmäßig verteilt sind.
- Decken Sie die Pfanne ab und lassen Sie den Kohl bei niedriger bis mittlerer Hitze etwa 10-12 Minuten garen. Rühren Sie gelegentlich um und achten Sie darauf, dass der Kohl nicht anbrennt.
- Überprüfen Sie, ob der Kohl weich, aber nicht matschig ist. Wenn er fertig ist, nehmen Sie die Pfanne vom Herd.
- Garnieren Sie den würzigen Kohl mit frischen Korianderblättern und servieren Sie ihn heiß als Beilage zu indischen Gerichten oder als Teil eines vegetarischen Menüs.

SALADS

1. Salat aus Speck, Walnüssen und Mozzarella

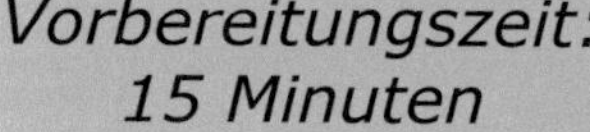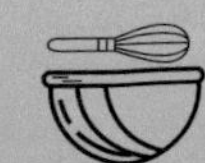

Vorbereitungszeit:
15 Minuten

Kochzeit:
0 Minuten

Portionen:
4

Schwierigkeit:
Einfach

Zutaten:

- 2 Tassen (150 g) gemischtes Grünzeug
- 1/2 Tasse (65 g) gewürfelter Speck
- 1/4 Tasse (25 g) gehackte Walnüsse
- 1/4 Tasse (60 g) gewürfelter frischer Mozzarella-Käse
- 2 Löffel natives Olivenöl extra
- 1 Löffel Balsamico-Essig
- Salz und Pfeffer nach Geschmack

Zubereitung:

- In einer großen Schüssel das gemischte Grünzeug, den gewürfelten Speck, die gehackten Walnüsse und den gewürfelten Mozzarella-Käse vermengen.
- In einer kleinen Schüssel das Olivenöl, den Balsamico-Essig, Salz und Pfeffer verquirlen, um das Dressing zuzubereiten.
- Das Dressing über den Salat gießen und gut vermengen.
- Gekühlt als Beilagensalat servieren.

2. Salat mit Obst und Chia-Samen

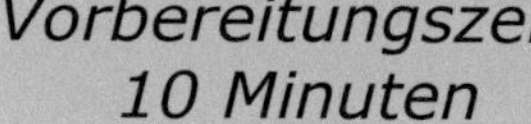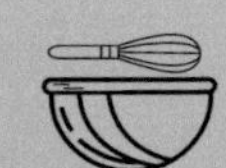

Vorbereitungszeit:
10 Minuten

Kochzeit:
0 Minuten

Portionen:
4

Schwierigkeit:
Einfach

Zutaten:

- 2 Tassen (150 g) gemischtes Grünzeug
- 1/2 Tasse (65 g) gewürfelter Speck
- 1/4 Tasse (25 g) gehackte Walnüsse
- 1/4 Tasse (60 g) gewürfelter frischer Mozzarella-Käse
- 2 Löffel natives Olivenöl extra
- 1 Löffel Balsamico-Essig
- Salz und Pfeffer nach Geschmack

Zubereitung:

- In einer großen Schüssel das gemischte Grünzeug, das gehackte Obst und die Chiasamen vermengen.
- In einer kleinen Schüssel Honig, Apfelessig, Olivenöl, Salz und Pfeffer verquirlen, um das Dressing zuzubereiten.
- Das Dressing über die Salatmischung gießen und gut vermengen.
- Gekühlt als Beilagensalat servieren.

3. Salat mit Sellerie und grünen Oliven

 **Vorbereitungszeit:** 15 Minuten

 **Kochzeit:** 0 Minuten

 **Portionen:** 4

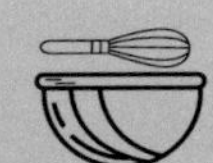 **Schwierigkeit:** Einfach

Zutaten:

- 2 Tassen (150 g) gehackter Römersalat
- 1 Tasse (75 g) in Scheiben geschnittener Staudensellerie
- 1/4 Tasse (45 g) geschnittene grüne Oliven
- 2 Löffel natives Olivenöl extra
- 1 Löffel Zitronensaft
- Salz und Pfeffer nach Geschmack

Zubereitung:

- In einer großen Schüssel den gehackten Römersalat, den in Scheiben geschnittenen Sellerie und die geschnittenen grünen Oliven vermengen.
- In einer kleinen Schüssel das Olivenöl, den Zitronensaft, Salz und Pfeffer verquirlen, um das Dressing zuzubereiten.
- Das Dressing über die Salatmischung gießen und gut vermengen.
- Gekühlt als Beilagensalat servieren.

4. Salat aus Fenchel und Orangen

 **Vorbereitungszeit:** 20 Minuten

 **Kochzeit:** 0 Minuten

 **Portionen:** 4

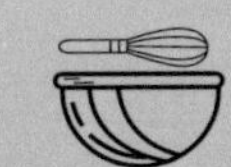 **Schwierigkeit:** Mittel

Zutaten:

- 2 Tassen (150 g) Rucola
- 1 Fenchelknolle, in dünne Scheiben geschnitten
- 2 Orangen, geschält und in dünne Scheiben geschnitten
- 1/4 Tasse (10 g) gehackte frische Petersilie
- 2 Löffel Olivenöl
- 1 Löffel Orangensaft
- Salz und Pfeffer nach Geschmack

Zubereitung:

- In einer großen Schüssel den Rucola, den in Scheiben geschnittenen Fenchel, die in Scheiben geschnittenen Orangen und die gehackte Petersilie vermengen.
- In einer kleinen Schüssel das Olivenöl, den Orangensaft, Salz und Pfeffer verquirlen, um das Dressing zuzubereiten.
- Das Dressing über die Salatmischung gießen und durchschwenken.
- Gekühlt als Beilagensalat servieren.

5. Salat aus Ackerbohnen und Tomaten

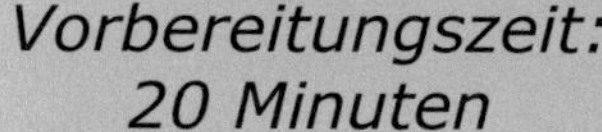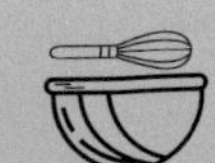

Vorbereitungszeit:
20 Minuten

Kochzeit:
0 Minuten

Portionen:
4

Schwierigkeit:
Mittel

Zutaten:

- 2 Tassen (350 g) gekochte und geschälte Ackerbohnen
- 1 Tasse (180 g) gehackte Kirschtomaten
- 1/4 Tasse (10 g) gehackte frische Petersilie
- 2 Löffel Olivenöl
- 1 Löffel Rotweinessig
- Salz und Pfeffer nach Geschmack

Zubereitung:

- Die gekochten und geschälten Saubohnen, die gehackten Kirschtomaten und die gehackte Petersilie in einer großen Schüssel mischen.
- Für das Dressing in einer anderen Schüssel Olivenöl, Rotweinessig, Salz und Pfeffer verquirlen.
- Das Dressing über die Mischung gießen und umrühren.
- Gekühlt als Beilagensalat servieren.

6. Salat aus Mais, Tomaten und Karotten

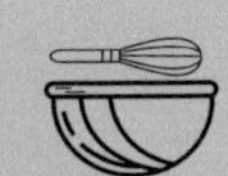

Vorbereitungszeit:
15 Minuten

Kochzeit:
0 Minuten

Portionen:
4

Schwierigkeit:
Einfach

Zutaten:

- 2 Tassen (150 g) gemischtes Grünzeug
- 1 Tasse (160 g) gekochte Maiskörner
- 1/2 Tasse (90 g) gehackte Kirschtomaten
- 1/2 Tasse (75 g) geschredderte Karotten
- 2 Löffel Olivenöl
- 1 Löffel Limettensaft
- Salz und Pfeffer nach Geschmack

Zubereitung:

- In einer großen Schüssel das gemischte Grünzeug, die gekochten Maiskörner, die in Stücke geschnittenen Kirschtomaten und die geraspelten Karotten vermengen.
- In einer kleinen Schüssel Olivenöl, Limettensaft, Salz und Pfeffer verquirlen, um das Dressing zuzubereiten.
- Das Dressing über die Salatmischung gießen und durchschwenken.
- Gekühlt als Beilagensalat servieren.

7. Kichererbsensalat mit Gurken und Joghurtdressing

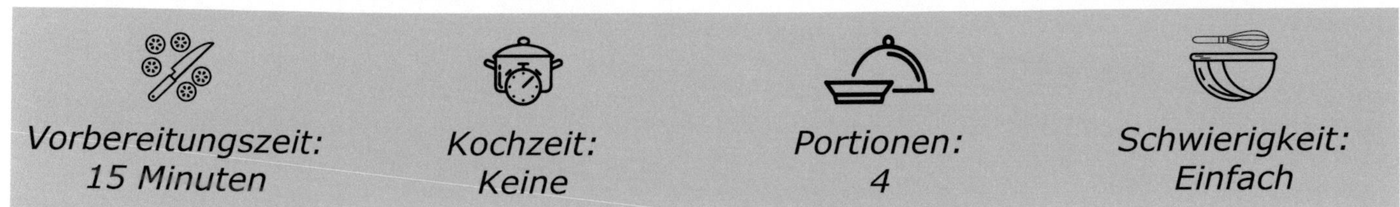

Zutaten:

- 1 Dose Kichererbsen, abgespült und abgetropft
- 1 große Gurke, gewürfelt
- 1 kleine rote Zwiebel, fein gehackt
- 150 g Joghurt
- 1 Esslöffel Zitronensaft
- 1 Teelöffel Kreuzkümmel
- Salz und Pfeffer nach Geschmack
- Frische Petersilie, gehackt

Zubereitung:

- Kichererbsen, Gurke und rote Zwiebel in einer großen Schüssel mischen.
- In einer anderen Schüssel Joghurt, Zitronensaft, Kreuzkümmel, Salz und Pfeffer vermischen.
- Die beiden Gewürze kombinieren und gut vermischen.
- Vor dem Servieren mit frischer Petersilie bestreuen.

8. Gemischter Blattsalat mit Erdbeeren und Mandeln

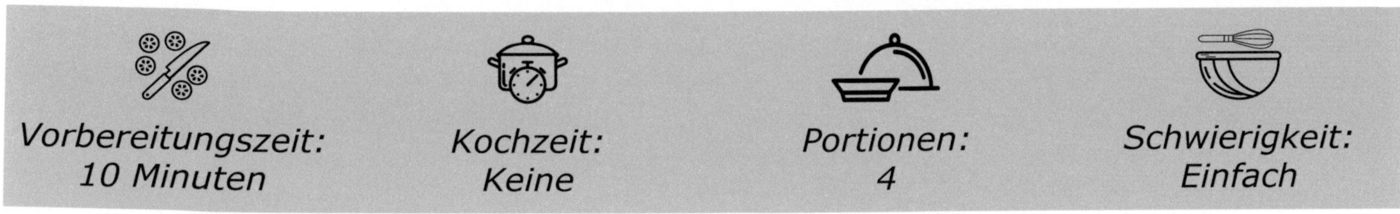

Zutaten:

- 150 g gemischte Blattsalate
- 100 g Erdbeeren, halbiert
- 50 g Mandeln, gehackt
- 2 Esslöffel Olivenöl
- 1 Esslöffel Balsamico-Essig
- Salz und Pfeffer nach Geschmac

Zubereitung:

- Den Salat waschen und trocknen.
- Erdbeeren und Mandeln zum Salat geben.
- In einer kleinen Schüssel Olivenöl und Balsamico-Essig mit Salz und Pfeffer verrühren.
- Das Dressing über den Salat geben und vorsichtig mischen.

9. Quinoa-Salat mit Avocado und Koriander

   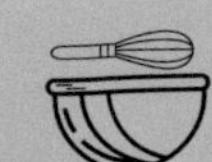

| Vorbereitungszeit: 15 Minuten | Kochzeit: 15 Minuten | Portionen: 4 | Schwierigkeit: Mittel |

Zutaten:

- 200 g Quinoa
- 1 reife Avocado, gewürfelt
- 1 Bund Koriander, gehackt
- Saft von 1 Limette
- 2 Esslöffel Olivenöl
- Salz und Pfeffer nach Geschmack

Zubereitung:

- Quinoa nach Packungsanweisung kochen, abkühlen lassen.
- Avocado, Koriander, Limettensaft und Olivenöl in einer Schüssel mit dem Quinoa mischen.
- Mit Salz und Pfeffer abschmecken und servieren.

10. Caprese Salat

   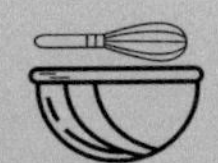

| Vorbereitungszeit: 10 Minuten | Kochzeit: 0 Minuten | Portionen: 4 | Schwierigkeit: Einfach |

Zutaten:

- 2 Tassen (360 g) halbierte Kirschtomaten
- 8 Unzen (230 g) frischer, in Scheiben geschnittener Mozzarella
- 1/4 Tasse (10 g) gehackte frische Basilikum
- 2 Löffel natives Olivenöl extra
- 1 Löffel Balsamico-Essig
- Salz und Pfeffer nach Geschmack

Zubereitung:

- Arrange Die Kirschtomaten und die frischen Mozzarella-Scheiben auf einer Platte anrichten.
- Das gehackte frische Basilikum darüber streuen.
- In einer kleinen Schüssel das Olivenöl, den Balsamico-Essig, Salz und Pfeffer für das Dressing verquirlen.
- Das Dressing über den Salat träufeln und bei Zimmertemperatur servieren.

11. Salat mit Huhn, Oliven und Schnittlauch

   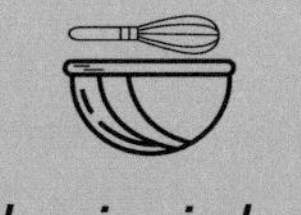

Vorbereitungszeit:
20 Minuten

Kochzeit:
10 Minuten
(für das Huhn)

Portionen:
4

Schwierigkeit:
Mittel

Zutaten:

- 2 Tassen (150 g) gemischtes Grünzeug
- 1 Tasse (140 g) gekochtes und zerkleinertes Hühnerfleisch
- 1/4 Tasse (45 g) geschnittene grüne Oliven
- 2 Löffel gehackter frischer Schnittlauch
- 2 Löffel natives Olivenöl extra
- 1 Löffel Zitronensaft
- Salz und Pfeffer nach Geschmack

Zubereitung:

- In einer großen Schüssel den gemischten Salat, das gekochte und zerkleinerte Hühnerfleisch, die gehackten grünen Oliven und den gehackten frischen Schnittlauch vermengen.
- In einer kleinen Schüssel das Olivenöl, den Zitronensaft, Salz und Pfeffer verquirlen, um das Dressing zuzubereiten.
- Das Dressing über die Salatmischung gießen und durchschwenken.

12. Salat mit Garnelen und Artischocken

   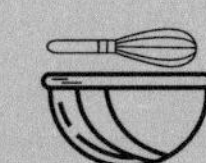

Vorbereitungszeit:
20 Minuten

Kochzeit:
10 Minuten
(für Garnelen)

Portionen:
4

Schwierigkeit:
Mittel

Zutaten:

- 2 Tassen (150 g) gemischtes Grünzeug
- 1/2 lb (225 g) gekochte und geschälte Garnelen
- 1 Dose Artischockenherzen, abgetropft und zerkleinert
- 2 Löffel gehackte frische Petersilie
- 2 Löffel natives Olivenöl extra
- 1 Löffel Weißweinessig
- Salz und Pfeffer nach Geschmack

Zubereitung:

- In einer großen Schüssel das gemischte Grünzeug, die gekochten und geschälten Garnelen, die gehackten Artischockenherzen und die gehackte frische Petersilie vermengen.
- In einer kleinen Schüssel das Olivenöl, den Weißweinessig, Salz und Pfeffer verquirlen, um das Dressing zuzubereiten.
- Das Dressing über die Salatmischung gießen und durchschwenken.
- Gekühlt als Beilagensalat servieren.

13. Salat aus Dinkel und Feta

   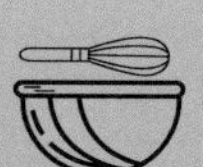

| Vorbereitungszeit: 15 Minuten | Kochzeit: 30 Minuten (für Dinkel) | Portionen: 4 | Schwierigkeit: Einfach |

Zutaten:

- 2 Tassen (110 g) gekochter Dinkel
- 1/2 Tasse (250 g) zerkrümelter Feta-Käse
- 1/4 Tasse (10 g) gehackte frische Petersilie
- 1/4 Tasse (15 g) gehackte rote Zwiebel
- 2 Löffel natives Olivenöl extra
- 1 Löffel Rotweinessig
- Salz und Pfeffer nach Geschmack

Zubereitung:

- In einer großen Schüssel den gekochten Dinkel, den zerbröckelten Fetakäse, die gehackte frische Petersilie und die gehackte Zwiebel vermengen.
- In einer kleinen Schüssel das Olivenöl, den Rotweinessig, Salz und Pfeffer verquirlen, um das Dressing zuzubereiten.
- Das Dressing über die Salatmischung gießen und durchschwenken.
- Gekühlt als Beilagensalat servieren.

14. Gerstensalat und Gemüse

   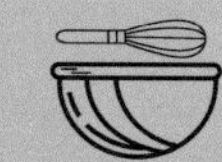

| Vorbereitungszeit: 15 Minuten | Kochzeit: 30 Minuten (für Gerste) | Portionen: 4 | Schwierigkeit: Einfach |

Zutaten:

- 2 Tassen (110 g) gekochte Gerste
- 1 Tasse (150 g) gewürfelte Gurke
- 1 Tasse (180 g) gewürfelte Tomaten
- 1/4 Tasse (10 g) gehackte frische Petersilie
- 2 Löffel natives Olivenöl extra
- 1 Löffel Zitronensaft
- Salz und Pfeffer nach Geschmack

Zubereitung:

- In einer großen Schüssel die gekochte Gerste, die gewürfelte Gurke, die gewürfelten Tomaten und die gehackte frische Petersilie vermengen.
- In einer kleinen Schüssel Olivenöl, Zitronensaft, Salz und Pfeffer verquirlen, um das Dressing zuzubereiten.
- Das Dressing über die Salatmischung gießen und gut durchmischen.
- Gekühlt als Beilagensalat servieren.

1. Scampi in Knoblauch-Tomatensoße mit geröstetem Brot

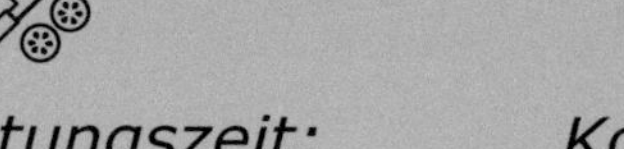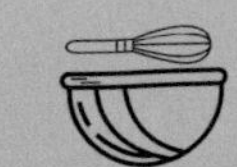

Vorbereitungszeit:	*Kochzeit:*	*Portionen:*	*Schwierigkeit:*
20 Minuten	*15 Minuten*	*4*	*Mittel*

Zutaten:

- 1 Pfund (500 g) Scampi, gereinigt
- 1 Tasse (180 g) Kirschtomaten, halbiert
- 4 Scheiben rustikales Brot
- 4 Knoblauchzehen, fein gehackt
- 1/4 Tasse (60 ml) Weißwein
- 1/4 Tasse (60 ml) Olivenöl
- Frischer Basilikum, gehackt
- Salz und Pfeffer
- Chiliflocken (optional)

Zubereitung:

- Den Backofen auf 200°C vorheizen. Das Brot in Würfel schneiden, mit etwas Olivenöl beträufeln und auf einem Backblech rösten.
- Den Knoblauch auf kleiner Flamme anbraten, bis er duftet.
- Die Langustinen zugeben und kurz anbraten, bis sie rosa werden.
- Die Kirschtomaten und den Weißwein dazugeben. Mit Salz, Pfeffer und eventuell Chilischote würzen.
- Die Hitze reduzieren und etwa 5-7 Minuten köcheln lassen, bis die Tomaten weich sind und sich eine Sauce gebildet hat.
- Das gehackte Basilikum unterrühren und die Garnelen in der Sauce servieren, garniert mit den gerösteten Brotwürfeln.

2. Gefüllte Schnitzel mit Spinat und Mozzarella

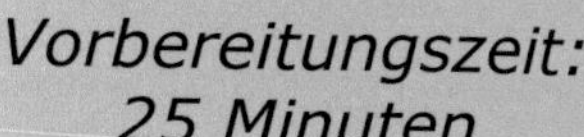

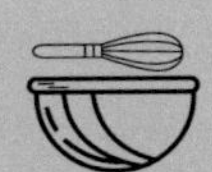

Vorbereitungszeit:	*Kochzeit:*	*Portionen:*	*Schwierigkeit:*
25 Minuten	*25 Minuten*	*4*	*Mittel*

Zutaten:

- 4 dünne Koteletts vom Rind oder Kalb
- 1 Tasse (100 g) frischer Spinat, grob gehackt
- 1/2 Tasse (125 g) Mozzarella, gerieben
- 2 EL getrocknete Tomaten, fein gehackt
- 2 Knoblauchzehen, fein gehackt
- 1 EL frische Basilikumblätter, gehackt
- 2 EL Olivenöl
- Salz und Pfeffer
- Zahnstochern

Zubereitung:

- Den Backofen auf 190°C vorheizen.
- 1 Esslöffel Olivenöl, den Spinat, den Knoblauch und die getrockneten Tomaten in eine Pfanne geben und braten, bis der Spinat blättrig wird.
- Den Spinat vom Herd nehmen und den Mozzarella und das Basilikum unterrühren. Mit Salz und Pfeffer würzen.
- Jedes Schnitzel auf ein Schneidebrett legen und die Spinat-Mozzarella-Mischung gleichmäßig auf den Schnitzeln verteilen.
- Die Schnitzel vorsichtig aufrollen und mit Zahnstochern befestigen.
- Die gefüllten Schnitzel in eine Auflaufform legen und mit Olivenöl beträufeln.
- 20-25 Minuten backen, bis das Fleisch durchgebraten ist.
- Heiß servieren.

3. Schollenfilet mit Orangen-Kapern-Soße

   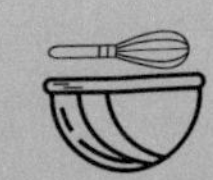

Vorbereitungszeit:
15 Minuten

Kochzeit:
20 Minuten

Portionen:
4

Schwierigkeit:
Mittel

Zutaten:

- 4 Schollenfilets
- 1/2 Tasse (65 g) Mehl
- 2 EL Olivenöl
- 1/2 Tasse (120 ml) frischer Orangensaft
- 2 EL Kapern, abgetropft
- 1 Schalotte, fein gehackt
- 1/2 Tasse (120 ml) Gemüsebrühe
- 1/4 Tasse (60 ml) Weißwein
- Salz und Pfeffer
- Frischer Dill zum Garnieren

Zubereitung:

- Die Schollenfilets mit Salz und Pfeffer würzen und in Mehl wenden.
- Olivenöl in einer Pfanne bei mittlerer Hitze erhitzen. Die Schollenfilets darin von beiden Seiten jeweils 3-4 Minuten goldbraun braten. Anschließend aus der Pfanne nehmen und warm halten.
- In der gleichen Pfanne die gehackte Schalotte anbraten, bis sie glasig ist.
- Orangensaft, Weißwein und Gemüsebrühe hinzufügen. Die Mischung zum Kochen bringen und etwa 5 Minuten köcheln lassen.
- Kapern hinzufügen und die Soße mit Salz und Pfeffer abschmecken.
- Die Soße über die gebratenen Schollenfilets gießen und mit frischem Dill garnieren.
- Heiß servieren, idealerweise mit gedünstetem Gemüse oder Reis.

4. Schweinekoteletts mit Kräuter-Kruste und Zitronen-Butter-Soß

 **Vorbereitungszeit:** 15 Minuten

 **Kochzeit:** 20 Minuten

 **Portionen:** 4

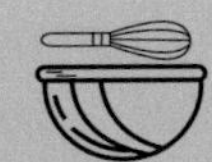 **Schwierigkeit:** Einfach

Zutaten:

- 4 nicht entbeinte Schweinekoteletts
- 2 EL Olivenöl
- 1/2 Tasse (50 g) Semmelbrösel
- 1 EL gemischte frische Kräuter (z.B. Thymian, Rosmarin), gehackt
- 2 EL weiche Butter
- Schale und Saft von 1 Zitrone
- 2 Knoblauchzehen, fein gehackt
- Salz und Pfeffer

Zubereitung:

- Den Backofen auf 200°C vorheizen.
- In einer Schüssel Semmelbrösel, gehackte Kräuter, Knoblauch, Zitronenschale, Salz und Pfeffer vermischen. Die weiche Butter unterrühren, bis eine krümelige Mischung entsteht.
- Die Schweinekoteletts auf beiden Seiten mit Olivenöl bestreichen und dann die Kräuter-Semmelbrösel-Mischung auf die Koteletts drücken, um eine Kruste zu bilden.
- Eine ofenfeste Pfanne bei mittlerer Hitze erhitzen. Die Koteletts von jeder Seite ca. 3-4 Minuten anbraten, bis die Kruste goldbraun ist.
- Die Koteletts in die Pfanne legen und im Ofen 10-15 Minuten backen, bis sie durchgebraten sind und eine Kerntemperatur von 63°C (145°F) erreichen.
- Währenddessen in einer kleinen Pfanne den Zitronensaft erhitzen, die restliche Butter hinzufügen und schmelzen lassen, um eine einfache Zitronen-Butter-Soße zu kreieren.
- Die Koteletts aus dem Ofen nehmen, 5 Minuten ruhen lassen und dann mit der Zitronen-Butter-Soße servieren.

5. Schollenfilets in Tomaten-Kapern-Soße

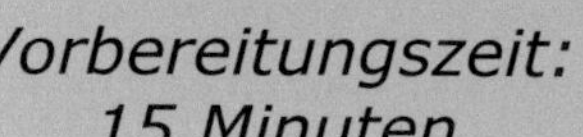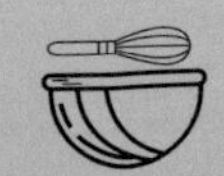

Vorbereitungszeit:
15 Minuten

Kochzeit:
20 Minuten

Portionen:
4

Schwierigkeit:
Einfach

Zutaten:

- 4 Schollenfilets
- 2 EL Olivenöl
- 1 Tasse (200 g) gehackte Kirschtomaten
- 2 EL Kapern, abgetropft
- 1/4 Tasse (60 ml) Weißwein
- 1/4 Tasse (60 ml) Gemüsebrühe
- 1 EL gehackte frische Basilikumblätter
- 1 EL gehackter frischer Oregano
- 2 Knoblauchzehen, fein gehackt
- Salz und Pfeffer
- Zitronenspalten zum Servieren

Zubereitung:

- Den Backofen auf 190°C vorheizen.
- In einer großen Pfanne das Olivenöl erhitzen. Den Knoblauch hinzufügen und kurz anbraten, bis er duftet.
- Die gehackten Kirschtomaten, Kapern, Weißwein und Gemüsebrühe hinzufügen. Mit Salz und Pfeffer würzen und zum Köcheln bringen.
- Die Kräuter (Basilikum und Oregano) unterrühren und die Soße ein paar Minuten köcheln lassen.
- Die Schollenfilets in die Soße legen und sicherstellen, dass sie vollständig von der Soße bedeckt sind.
- Die Pfanne in den Ofen schieben und die Filets 12-15 Minuten backen, bis sie durchgebraten sind.
- Die Schollenfilets mit der Tomaten-Kapern-Soße und Zitronenspalten servieren.

6. Lachsfilet in Senf-Dill-Soße

 **Vorbereitungszeit:** 20 Minuten

 **Kochzeit:** 25 Minuten

 **Portionen:** 4

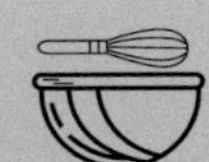 **Schwierigkeit:** Mittel

Zutaten:

- 4 Lachsfilets
- 2 EL Dijon-Senf
- 1 Bund frischer Dill, gehackt
- 200 ml Sahne
- 1 EL Zitronensaft
- Salz und Pfeffer

Zubereitung:

- Die Lachsfilets mit Salz und Pfeffer würzen. In einer Pfanne bei mittlerer Hitze von beiden Seiten goldbraun braten.
- In einer Schüssel Dijon-Senf, gehackten Dill, Sahne und Zitronensaft zu einer glatten Mischung verrühren.
- Die Senf-Dill-Soße über die gebratenen Lachsfilets in der Pfanne gießen.
- Die Hitze reduzieren und alles zusammen bei niedriger Hitze 5-7 Minuten köcheln lassen, bis der Lachs durchgegart ist und die Soße eindickt.
- Vor dem Servieren die Lachsfilets mit der Soße und frischem Dill garnieren.

7. Putenbrust mit Rosmarinkartoffeln

 **Vorbereitungszeit:** 20 Minuten

 **Kochzeit:** 40 Minuten

 **Portionen:** 4

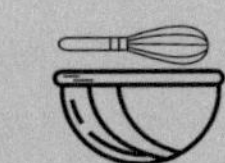 **Schwierigkeit:** Mittel

Zutaten:

- 4 Putenbrustfilets
- 500 g Kartoffeln, gewürfelt
- 2 Zweige Rosmarin, gehackt
- 2 Knoblauchzehen, gehackt
- Salz und Pfeffer
- Olivenöl

Zubereitung:

- Die Kartoffeln mit gehacktem Rosmarin, Knoblauch, Salz, Pfeffer und einem Schuss Öl vermischen.
- Legen Sie die Kartoffeln auf ein Backblech und backen Sie sie im vorgeheizten Backofen bei 200 °C etwa 20–25 Minuten lang, bis sie goldbraun und knusprig sind.
- Die Putenbrustfilets mit Salz und Pfeffer würzen und in einer Pfanne mit etwas Öl auf beiden Seiten etwa 5-7 Minuten braten, bis sie gar sind.
- Die gebratenen Putenbrüste zusammen mit den Rosmarinkartoffeln servieren.

8. Gemüse-Lasagne

Vorbereitungszeit:
30 Minuten

Kochzeit:
45 Minuten

Portionen:

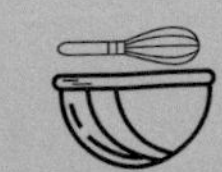

Schwierigkeit:
Mittel

Zutaten:

- 12 Lasagneblätter
- 1 Zucchini, in Scheiben geschnitten
- 1 Aubergine, in Scheiben geschnitten
- 1 rote Paprika, gewürfelt
- 500 ml Tomatensauce
- 200 g geriebener Käse (Mozzarella oder Parmesan)
- 2 EL Olivenöl
- Salz, Pfeffer, Oregano

Zubereitung:

- Zucchini, Aubergine und Paprika in einer Pfanne mit Olivenöl anbraten, bis sie weich sind. Mit Salz, Pfeffer und Oregano würzen.
- Eine Auflaufform einfetten. Den Boden mit einer Schicht Lasagneblätter bedecken.
- Eine Schicht des gebratenen Gemüses darauf verteilen, dann Tomatensauce und eine Schicht Käse darüber geben.
- Die Schichten wiederholen, bis alle Zutaten aufgebraucht sind, wobei die oberste Schicht aus Lasagneblättern und Käse bestehen sollte.
- Die Lasagne im vorgeheizten Ofen bei 180°C ca. 30-35 Minuten backen, bis der Käse goldbraun und die Lasagneblätter weich sind.
- Vor dem Servieren einige Minuten ruhen lassen.

9. Zucchini-Frittata

Vorbereitungszeit:
10 Minuten

Kochzeit:
20 Minuten

Portionen:
4

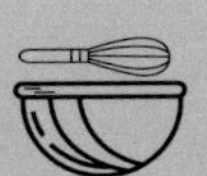

Schwierigkeit:
Einfach

Zutaten:

- 1 Dose Kichererbsen, abgetropft
- 400 ml Kokosmilch
- 2 EL Currypulver
- 2 Tomaten, gewürfelt
- 100 g frischer Spinat
- 1 Zwiebel, gehackt
- 2 Knoblauchzehen, fein gehackt
- 1 EL Olivenöl
- Salz und Pfeffer

Zubereitung:

- In einem Topf Olivenöl erhitzen und Zwiebel und Knoblauch bei mittlerer Hitze anbraten, bis sie weich sind.
- Currypulver hinzufügen und kurz mitbraten.
- Kichererbsen, Kokosmilch und Tomaten in den Topf geben. Mit Salz und Pfeffer würzen und gut umrühren.
- Das Curry bei niedriger Hitze ca. 20 Minuten köcheln lassen, bis die Soße eindickt.
- Frischen Spinat hinzufügen und kochen, bis er welk ist.
- Das Curry abschmecken und heiß servieren, idealerweise mit Reis oder Naan-Brot.

10. Ratatouille: Traditionelles französisches Rezept

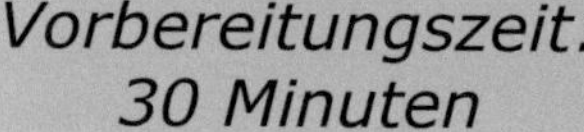

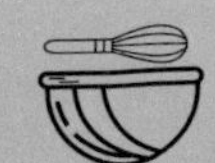

Vorbereitungszeit:	*Kochzeit:*	*Portionen:*	*Schwierigkeit:*
30 Minuten	*40 Minuten*	*4-6*	*Media*

Zutaten:

- Auberginen: 600 g, gewürfelt
- Zucchini: 600 g, gewürfelt
- Rote Paprika: 200 g, in Streifen geschnitten
- Gelbe Paprika: 200 g, in Streifen geschnitten
- Zwiebeln: 300 g (etwa 2 mittlere), in Scheiben geschnitten
- Knoblauch: 15 g (ca. 3 Nelken), gehackt
- Reife Tomaten: 800 g, gehäutet und in Stücke geschnitten
- Olivenöl: 60 ml
- Salz und Pfeffer: nach Belieben
- Frische Kräuter: Thymian, Rosmarin, Basilikum

Zubereitung:

- Das Gemüse vorbereiten: Das gesamte Gemüse waschen. Die Auberginen und Zucchini in etwa 2 cm große Würfel schneiden, die Zwiebeln in Scheiben, die Paprika in Streifen und den Knoblauch fein hacken.
- Die Auberginen dehydrieren: Die Auberginenwürfel in ein Sieb geben, mit Salz bestreuen und 20 Minuten stehen lassen, um die Bitterkeit zu verringern. Anschließend abspülen und mit Küchenpapier trocknen.
- Das Gemüse unter Rühren anbraten: In einer großen Pfanne oder einem Schmortopf 2 Esslöffel Olivenöl erhitzen und Auberginen, Zucchini, Paprika und Zwiebeln getrennt voneinander goldbraun braten, bei Bedarf etwas Öl hinzufügen. Jedes Gemüse nach dem Garen beiseite stellen.
- Zubereitung der Tomatensauce: In derselben Pfanne einen weiteren Esslöffel Öl hinzufügen und den gehackten Knoblauch eine Minute lang anbraten. Die Tomaten, Salz und Pfeffer hinzufügen und bei schwacher Hitze 15 Minuten lang kochen, bis die Sauce dickflüssig ist.
- Das Gemüse mit der Sauce kombinieren: Das gebratene Gemüse mit der Tomatensauce vermischen und dabei leicht umrühren.
- Kochen mit Kräutern: Thymian, Rosmarin und Basilikum mit Küchengarn zusammenbinden, in die Pfanne geben und zugedeckt bei schwacher Hitze 30-40 Minuten garen. Bei Bedarf mit Salz und Pfeffer würzen.
- Fertigstellung und Servieren: Vor dem Servieren den Kräuterstrauß entfernen. Ratatouille kann warm oder bei Zimmertemperatur serviert werden, ideal als Beilage oder Hauptgericht.

11. Hähnchenspieße

   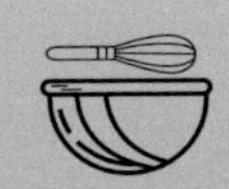

Vorbereitungszeit:	*Kochzeit:*	*Portionen:*	*Schwierigkeit:*
15 Minuten	*10 Minuten*	*4*	*Einfach*

Zutaten:

- 1 Pfund (450 g) Hähnchenbrust ohne Knochen und ohne Haut, in 2,5 cm große Würfel geschnitten
- 1/4 Tasse (50 g) Olivenöl
- 1/4 Tasse (60 g) Zitronensaft
- 1 Teelöffel getrockneter Oregano
- 1/2 Teelöffel Knoblauchpulver
- 1/2 Teelöffel Salz
- 1/4 Teelöffel schwarzer Pfeffer
- 1 rote Paprikaschote, in 2,5 cm große Stücke geschnitten
- 1 gelbe Paprikaschote, in 2,5 cm große Stücke geschnitten
- 1 rote Zwiebel, in 2,5 cm große Stücke geschnitten

Zubereitung:

- In einer kleinen Schüssel Olivenöl, Zitronensaft, Oregano, Knoblauchpulver, Salz und schwarzen Pfeffer verquirlen.
- Das Hähnchen, die Paprika und die Zwiebel auf die Spieße stecken.
- Die Spieße mit der Marinade bepinseln und 15-30 Minuten ziehen lassen.
- Erhitzen Sie einen Grill oder eine Grillpfanne bei mittlerer bis hoher Hitze.
- Die Spieße unter gelegentlichem Wenden 8-10 Minuten grillen, bis das Hähnchen durchgebraten ist.
- Heiß mit Reis oder einem Salat servieren.

12. Rindfleischscheiben mit Tomatensauce

 **Vorbereitungszeit:** 20 Minuten

 **Kochzeit:** 20 Minuten

 **Portionen:** 4

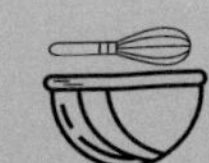 **Schwierigkeit:** Mittel

Zutaten:

- 1 Pfund (450 g) Rinderlendensteak, in dünne Streifen geschnitten
- 2 Löffel Olivenöl
- 1 gewürfelte Zwiebel
- 2 gehackte Knoblauchzehen
- 1 Dose/ 14 Unzen (400 g) gewürfelte Tomaten
- 1 Löffel Tomatenmark
- 1 Teelöffel getrocknetes Basilikum
- 1 Teelöffel getrockneter Oregano
- Salz und Pfeffer nach Geschmack
- frische gehackte Petersilie zum Garnieren

Zubereitung:

- Das Olivenöl in einer großen Pfanne bei mittlerer bis hoher Hitze erhitzen.
- Das in Scheiben geschnittene Rindfleisch hinzufügen und etwa 5 Minuten lang anbraten.
- Das Rindfleisch aus der Pfanne nehmen und beiseite stellen.
- In der gleichen Pfanne die Zwiebel und den Knoblauch anbraten, bis sie weich sind, etwa 3-4 Minuten.
- Die Tomatenwürfel, das Tomatenmark, das getrocknete Basilikum und den getrockneten Oregano in die Pfanne geben und umrühren.
- Nach Belieben mit Salz und Pfeffer würzen.
- Die Tomatensoße zum Köcheln bringen und 5-10 Minuten kochen lassen.
- Das gekochte Rindfleisch wieder in die Pfanne geben und mit der Tomatensoße überziehen.
- Weitere 5-10 Minuten köcheln lassen, bis das Rindfleisch durchgebraten ist und die Soße leicht eingedickt ist.
- Heiß servieren, mit gehackter frischer Petersilie garnieren. Dieses Gericht passt gut zu Reis oder Nudeln.

13. Gebratene Hühnerflügel

 **Vorbereitungszeit:**
10 Minuten

 **Kochzeit:**
20 Minuten

 **Portionen:**
4

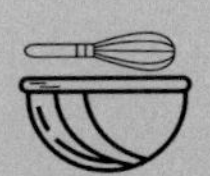 **Schwierigkeit:**
Einfach

Zutaten:

- 2 Pfund (900 g) Hähnchenflügel
- 1 Tasse (130 g) Mehl
- 1 Teelöffel Paprika
- 1 Teelöffel Knoblauchpulver
- 1 Teelöffel Zwiebelpulver
- 1 Teelöffel Salz
- 1 Teelöffel schwarzer Pfeffer
- Pflanzenöl zum Braten

Zubereitung:

- Den Backofen auf 200°F (90 °C) vorheizen.
- In einer großen Schüssel Mehl, Paprikapulver, Knoblauchpulver, Zwiebelpulver, Salz und schwarzer Pfeffer miteinander vermischen.
- Die Hähnchenflügel abspülen und trocken tupfen.
- Die Hähnchenflügel in der Mehlmischung schwenken, bis sie gleichmäßig bedeckt sind.
- In einer großen Pfanne etwa 2,5 cm Pflanzenöl bei mittlerer bis hoher Hitze erhitzen, bis es 350°F (180°C) erreicht.
- Sobald das Öl heiß ist, die Hähnchenflügel schubweise hineingeben, wobei darauf zu achten ist, dass die Pfanne nicht zu voll ist. Die Flügel etwa 10-12 Minuten braten, bis sie goldbraun und durchgebraten sind.
- Mit einem Schaumlöffel die Flügel auf ein Drahtgitter über einem Backblech geben, damit das überschüssige Öl abtropfen kann.
- Halten Sie die Flügel im vorgeheizten Ofen warm, während Sie die restlichen Flügel braten.
- Heiß mit Ihrer Lieblingssauce zum Dippen servieren.

14. Currywurst

Vorbereitungszeit:
10 Minuten

Kochzeit:
15 Minuten

Portionen:
4

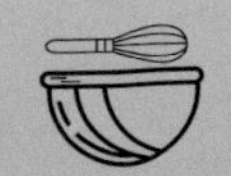
Schwierigkeit:
Einfach

Zutaten:

- 8 Würste (Schweine- oder Rindfleisch)
- 1 gewürfelte Zwiebel
- 2 gehackte Knoblauchzehen
- 2 Teelöffel Currypulver
- 1 Teelöffel gemahlener Kreuzkümmel
- 1/2 Teelöffel gemahlener Koriander
- 1/2 Teelöffel gemahlener Kurkuma
- 1/2 Teelöffel Paprikapulver
- 1 Tasse (230 g) Hühnerbrühe
- 1 Tasse (230 g) Kokosnussmilch
- 1 Löffel Speisestärke
- Salz und Pfeffer nach Geschmack
- Gehackter frischer Koriander zum Garnieren

Zubereitung:

- Eine große Bratpfanne bei mittlerer Hitze erhitzen und die Würste hineingeben. Braten, bis sie auf allen Seiten gebräunt sind, etwa 8-10 Minuten. Die Würstchen aus der Pfanne nehmen und beiseite stellen.
- In dieselbe Pfanne die gehackte Zwiebel und den Knoblauch geben. 2-3 Minuten kochen, bis die Zwiebel glasig ist. Currypulver, Kreuzkümmel, Koriander, Kurkuma und Paprika in die Pfanne geben. Gut umrühren und weitere 1-2 Minuten kochen, bis es duftet.
- Hühnerbrühe und Kokosmilch in die Pfanne gießen und zugedeckt 10-15 Minuten köcheln lassen, bis die Sauce eingedickt ist und die Würstchen durchgebraten sind.
- Mit Salz und Pfeffer abschmecken und mit gehacktem Koriander garnieren.

15. Würzige Würste

   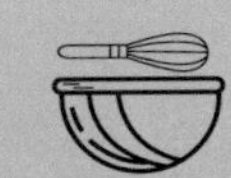

Vorbereitungszeit:
5 Minuten

Kochzeit:
10 Minuten

Portionen:
4

Schwierigkeit:
Einfach

Zutaten:

- 8 Würste (Schweine- oder Rindfleisch)
- 1 gehackte rote Paprika
- 1 gehackte gelbe Paprika
- 1 gehackte Zwiebel
- 2 gehackte Knoblauchzehen
- 1 Löffel Olivenöl
- 1 Teelöffel Paprika
- Salz und Pfeffer nach Geschmack
- Gehackte frische Petersilie zum Garnieren

Zubereitung:

- Das Olivenöl in einer Pfanne erhitzen und die Würstchen dazugeben und 8–10 Minuten anbraten, bis sie von allen Seiten goldbraun sind. Entfernen Sie sie und legen Sie sie beiseite.
- In die gleiche Pfanne die gehackten Paprika und Zwiebeln geben. Unter gelegentlichem Rühren 5–6 Minuten braten, bis das Gemüse weich ist.
- Den gehackten Knoblauch und das Paprikapulver hinzufügen und weitere 1-2 Minuten rühren und kochen, bis das Gemüse duftet.
- Die Würste wieder in die Pfanne geben und mit dem Gemüse und den Gewürzen bestreichen. Decken Sie die Pfanne mit einem Deckel ab und kochen Sie sie 5-6 Minuten lang, bis die Würste gar sind.
- Mit Salz, Pfeffer und gehackter Petersilie würzen.

Vorbereitungszeit:
20 Minuten

Kochzeit:
30 Minuten

Portionen:
4

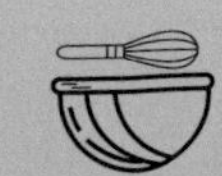

Schwierigkeit:
Mittel

Zutaten:

- 4 Kalbskoteletts
- 1 gehackte Zwiebel
- 2 gehackte Knoblauchzehen
- 1 Teelöffel gemahlener Safran
- 1 Löffel Olivenöl
- 1/2 Tasse (115 g) Weißwein
- 1/2 Tasse (115 g) Hühnerbrühe
- Salz und Pfeffer nach Geschmack

Zubereitung:

- Die Kalbskoteletts mit Salz und Pfeffer würzen.
- Das Olivenöl in einer Pfanne erhitzen, die Kalbskoteletts dazugeben und auf jeder Seite etwa 5 Minuten anbraten.
- Sobald sie goldbraun sind, legen Sie sie beiseite.
- In derselben Pfanne die gehackte Zwiebel und den gehackten Knoblauch sowie dann den gemahlenen Safran anbraten und etwa 1 Minute lang vermischen.
- Weißwein und Hühnerbrühe hinzufügen und zum Kochen bringen.
- Die Kalbskoteletts dazugeben und die Hitze auf ein Minimum beschränken. Abdecken und etwa 15 Minuten garen, bis das Kalbfleisch gar und zart ist.
- Die Safransauce über die Kalbskoteletts gießen und servieren.

17. Aromatisiertes Kalbfleisch

   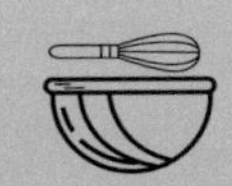

Vorbereitungszeit:	*Kochzeit:*	*Portionen:*	*Schwierigkeit:*
20 Minuten	*30 Minuten*	*4*	*Mittel*

Zutaten:

- 4 Kalbskoteletts
- 1/4 Tasse (30 g) Mehl
- Salz und Pfeffer nach Geschmack
- 1/4 Tasse (50 g) Olivenöl
- 1 gehackte Zwiebel
- 2 gehackte Knoblauchzehen
- 1 Teelöffel getrockneter Oregano
- 1 Teelöffel getrocknetes Basilikum
- 1/4 Tasse (60 g) Weißwein
- 1/2 Tasse (115 g) Hühnerbrühe

Zubereitung:

- Die Kalbskoteletts mit Salz und Pfeffer würzen. In Mehl wälzen und überschüssiges Mehl abschütteln.
- Das Olivenöl in einer großen Pfanne bei mittlerer bis hoher Hitze erhitzen. Die Kalbskoteletts hineingeben und etwa 2 Minuten auf jeder Seite braten, bis sie gebräunt sind.
- Die Kalbskoteletts aus der Pfanne nehmen und beiseite stellen.
- In dieselbe Pfanne die gehackte Zwiebel und den gehackten Knoblauch geben. Etwa 5 Minuten braten, bis sie weich sind.
- Den getrockneten Oregano und das getrocknete Basilikum in die Pfanne geben und etwa 1 Minute lang umrühren.
- Den Weißwein und die Hühnerbrühe dazugeben und zum Kochen bringen.
- Die Kalbskoteletts wieder in die Pfanne geben und die Hitze auf niedrig stellen. Zugedeckt etwa 10-15 Minuten köcheln lassen, bis das Kalbfleisch durchgebraten und zart ist.
- Die gewürzten Kalbskoteletts mit der Sauce übergossen servieren.

18. Schollenbällchen

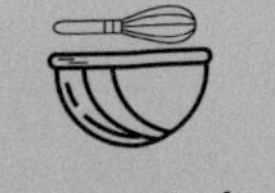

Vorbereitungszeit:	Kochzeit:	Portionen:	Schwierigkeit:
15 Minuten	10 Minuten	4	Mittel

Zutaten:

- 4 Schollenfilets
- 1 gehackte Zwiebel
- 2 gehackte Knoblauchzehen
- 1/2 Tasse (60 g) Semmelbrösel
- 1/2 Tasse (50 g) geriebener Parmesankäse
- 1/4 Tasse (10 g) gehackte frische Petersilie
- 1 verquirltes Ei
- Salz und Pfeffer nach Geschmack
- Olivenöl zum Braten

Zubereitung:

- In einer großen Schüssel die gehackte Zwiebel, den gehackten Knoblauch, die Semmelbrösel, den geriebenen Parmesankäse, die gehackte frische Petersilie, das verquirlte Ei, Salz und Pfeffer vermischen.
- Schneiden Sie die Schollenfilets in kleine Stücke und geben Sie sie in die Schüssel. Mischen Sie alles, bis es gut vermischt ist.
- Die Masse zu kleinen Bällchen formen.
- Erhitzen Sie das Olivenöl bei mittlerer bis hoher Hitze, geben Sie die Schollenbällchen hinzu und braten Sie sie auf jeder Seite etwa 5 Minuten lang goldbraun.
- Die Schollenbällchen aus der Pfanne nehmen und auf ein Papiertuch legen, um überschüssiges Öl abzutropfen.
- Die Schollenbällchen heiß servieren und mit frischer Petersilie garnieren

19. Ummantelte Würstchen

   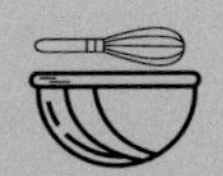

Vorbereitungszeit:	Kochzeit:	Portionen:	Schwierigkeit:
10 Minuten	10 Minuten	4	Einfach

Zutaten:

- 6 Würste
- 1 Tasse (120 g) Semmelbrösel
- 1/2 Tasse (65 g) Mehl
- 2 Eier
- 1/4 Tasse (60 g) Milch
- 1 Teelöffel Paprikapulver
- 1/2 Teelöffel Knoblauchpulver
- 1/2 Teelöffel Salz
- 1/4 Teelöffel schwarzer Pfeffer
- Öl zum Braten

Zubereitung:

- In einer Schüssel die Semmelbrösel, Paprika, Knoblauchpulver, Salz und Pfeffer vermischen.
- In einer anderen Schüssel die Eier und die Milch verquirlen.
- Das Mehl in eine dritte Schüssel geben.
- Öl in einer Bratpfanne bei mittlerer bis hoher Hitze.
- Jede Wurst in das Mehl, dann in die Eimischung und schließlich in die Paniermehlmischung tauchen und darauf achten, dass sie gut bedeckt ist.
- Die beschichteten Würste in das heiße Öl geben und unter gelegentlichem Wenden goldbraun und knusprig braten.
- Mit einem Schaumlöffel aus der Pfanne nehmen und auf einem Papiertuch abtropfen lassen.
- Heiß mit Ihrer Lieblingssoße servieren.

20. Schwertfisch-Tartar

   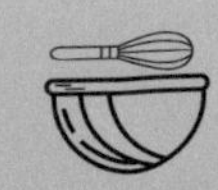

Vorbereitungszeit:
20 Minuten

Kochzeit:
0 Minuten

Portionen:
4

Schwierigkeit:
Mittel

Zutaten:

- 1 Pfund (450g) frischer Schwertfisch, fein zerkleinert
- 1/4 Tasse (15 g) fein gehackte rote Zwiebel
- 1/4 Tasse (10 g) fein gehackter frischer Koriander
- 1/4 Tasse (10 g) fein gehackte frische Minze
- 1/4 Tasse (30 g) fein gehackte Kapern
- 1/4 Tasse (60 g) frischer Limettensaft
- 1/4 Tasse (50 g) natives Olivenöl extra
- Salz und Pfeffer nach Geschmack

Zubereitung:

- In einer großen Schüssel den gehackten Schwertfisch, die rote Zwiebel, den Koriander, die Minze und die Kapern vermengen.
- In einer kleinen Schüssel den Limettensaft und das Olivenöl verquirlen.
- Die Limettensaftmischung über die Schwertfischmischung gießen und durchschwenken.
- Mit Salz und schwarzem Pfeffer abschmecken.
- Abdecken und mindestens 30 Min in den Kühlschrank stellen
- damit sich die Aromen vermischen können.
- Das Schwertfisch-Tartar gekühlt mit Crackern oder Toastbrot servieren.

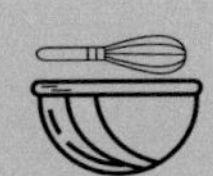

Vorbereitungszeit:	*Kochzeit:*	*Portionen:*	*Schwierigkeit:*
15 Minuten	*10 Minuten*	*4*	*Mittel*

Zutaten:

- 1 Pfund (450g) Seehechtfilets, in mundgerechte Stücke geschnitten
- 1/2 Tasse (65 g) Mehl
- 1/2 Teelöffel Knoblauchpulver
- 1/2 Teelöffel Paprikapulver
- Salz und Pfeffer nach Geschmack
- 2 geschlagene Eier
- 1 und 1/2 Tassen (180 g) Semmelbrösel
- Öl zum Braten

Zubereitung:

- In einer Schüssel Mehl, Knoblauchpulver, Paprika, Salz und Pfeffer vermischen.
- In einer anderen Schüssel die Eier verquirlen.
- Die Semmelbrösel in eine dritte Schüssel geben.
- Öl in einer Bratpfanne bei mittlerer Hitze erhitzen.
- Jedes Seehechtstück in die Mehlmischung, dann in die Eimischung und schließlich in die Paniermehlmischung tauchen, so dass es gut bedeckt ist.
- Die panierten Seehechtstücke in das heiße Öl geben und unter gelegentlichem Wenden goldbraun und knusprig braten.
- Mit einem Schaumlöffel aus der Pfanne nehmen und auf einem Papiertuch abtropfen lassen.
- Heiß mit Sauce Tartar oder einem Dip Ihrer Wahl servieren.

22. Hähnchenschenkel im Ofen

   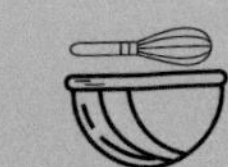

Vorbereitungszeit: *10 Minuten*	*Kochzeit:* *40 Minuten*	*Portionen:* *4*	*Schwierigkeit:* *Mittel*

Zutaten:

- 4 Hähnchenschenkel
- 2 Löffel Olivenöl
- 1 Teelöffel Paprikapulver
- 1 Teelöffel getrockneter Oregano
- 1 Teelöffel Knoblauchpulver
- Salz und Pfeffer nach Geschmack

Zubereitung:

- Den Ofen auf 400°F (200°C) vorheizen.
- In einer kleinen Schüssel Olivenöl, Paprika, Oregano, Knoblauchpulver, Salz und Pfeffer vermischen.
- Die Hähnchenschenkel mit der Gewürzmischung bestreichen und darauf achten, dass sie gleichmäßig bedeckt sind.
- Die Hähnchenkeulen auf ein Backblech legen und im vorgeheizten Ofen 35-40 Minuten backen, bis sie durchgebraten und goldbraun sind.

23. Käsemedaillons mit Kräuter-Panade und Tomatensalsa

   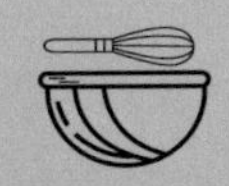

Vorbereitungszeit: *15 Minuten*	*Kochzeit:* *10 Minuten*	*Portionen:* *4*	*Schwierigkeit:* *Einfach*

Zutaten:

- 8 Unzen (230 g) Halloumi-Käse, in Scheiben geschnitten
- 1 Tasse (120 g) Semmelbrösel
- 1/2 Tasse (65 g) Mehl
- 2 geschlagene Eier
- 1 EL gemischte getrocknete Kräuter (z.B. Oregano, Basilikum, Thymian)
- Salz und Pfeffer nach Geschmack
- Olivenöl zum Braten

Für die Tomatensalsa:

- 1 Tasse (150 g) gehackte Kirschtomaten
- 1 kleine rote Zwiebel, fein gehackt
- 1 EL frischer Koriander, gehackt
- Saft von 1 Limette
- Salz und Pfeffer

Zubereitung:

- Bereiten Sie die Soße zu, indem Sie alle Zutaten in einer Schüssel vermischen und mit Salz und Pfeffer würzen.
- Semmelbrösel, Mehl, Kräuter, Salz und Pfeffer vermischen.
- Die Halloumi-Scheiben mit den geschlagenen Eiern bestreichen und dann in der Kräuterpanade wälzen, bis sie gut bedeckt sind.
- Das Olivenöl in einer Pfanne erhitzen.
- Legen Sie die panierten Käsescheiben in die Pfanne und braten Sie sie etwa 2-3 Minuten pro Seite.
- Die Käsemedaillons auf einem mit Küchenpapier ausgelegten Teller anrichten.
- Die Käsemedaillons mit der frischen Tomatensauce servieren.

TELLERGERICHTE

1. Couscous-Salat mit geröstetem Gemüse und Feta

 **Vorbereitungszeit:** 20 Minuten

 **Kochzeit:** 0 Minuten

 **Portionen:** 4

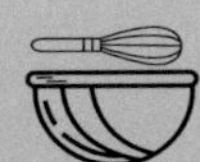 **Schwierigkeit:** Mittel

Zutaten:

- 1 Tasse Couscous
- 2 Tassen gemischtes Gemüse (z.B. Paprika, Zucchini, Aubergine), in Stücke geschnitten
- 1/2 Tasse Feta, zerbröckelt
- 1/4 Tasse Olivenöl
- Frische Kräuter (z.B. Petersilie, Minze), gehackt
- Salz un Pfeffer

Zubereitung:

- Gemüse mit Olivenöl mischen und im Ofen rösten, bis es weich und leicht gebräunt ist.
- Couscous nach Packungsanweisung zubereiten.
- Geröstetes Gemüse, Feta und frische Kräuter unter den Couscous mischen. Mit Salz und Pfeffer abschmecken.

2. Linsensalat mit geräuchertem Lachs und Dill

 **Vorbereitungszeit:** 15 Minuten

 **Kochzeit:** 20 Minuten

 **Portionen:** 4

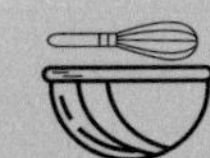 **Schwierigkeit:** Mittel

Zutaten:

- 1 Tasse grüne Linsen
- 200 g geräucherter Lachs, in Streifen geschnitten
- Frischer Dill, gehackt
- 1/4 Tasse Zitronensaft
- 2 EL Olivenöl
- Salz und Pfeffer

Zubereitung:

- Linsen in einem Topf mit Wasser bedecken und zum Kochen bringen. Bei mittlerer Hitze 20-25 Minuten kochen, bis sie weich sind, aber noch Biss haben.
- Die Linsen abgießen und unter kaltem Wasser abspülen, um sie schnell abzukühlen.
- Linsen in eine große Schüssel geben. Geräucherten Lachs, gehackten Dill, Zitronensaft und Olivenöl hinzufügen.
- Alles vorsichtig vermischen, um den Lachs nicht zu zerbrechen. Mit Salz und Pfeffer abschmecken.
- Vor dem Servieren den Salat etwas durchziehen lassen.

3. Tacos mit Garnelen und Kohl

 **Vorbereitungszeit:**
20 Minuten

 **Kochzeit:**
10 Minuten

 **Portionen:**
4

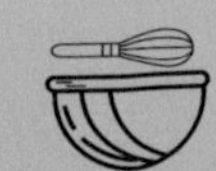 **Schwierigkeit:**
Einfach

Zutaten:

- 1 Pfund (500 g) mittlere Garnelen, geschält und entdarmt
- 2 Tassen (180 g) zerkleinerter Kohl
- 1/4 Tasse (10 g) gehackter frischer Koriander
- 1/4 Tasse (12 g) gewürfelte rote Zwiebel
- 2 Löffel Olivenöl
- 2 Löffel Limettensaft
- Salz und schwarzer Pfeffer
- 8-10 kleine Maistortillas
- Optionaler Belag: Avocado, Salsa, saure Sahne, Limettenspalten

Zubereitung:

- In einer Rührschüssel die geschälten und entdarmten Garnelen, den geschredderten Kohl, den gehackten frischen Koriander, die gewürfelte rote Zwiebel, das Olivenöl, den Limettensaft, das Salz und den schwarzen Pfeffer vermengen.
- Eine große Pfanne auf mittlerer bis hoher Stufe erhitzen.
- Die Garnelenmischung in die Pfanne geben und 3-4 Minuten kochen, bis die Garnelen rosa und durchgebraten sind.
- Erhitzen Sie die Tortillas in der Mikrowelle oder auf einer Grillplatte.
- Die Tacos zusammenstellen, indem ein Löffel der Garnelenmischung auf jede Tortilla gegeben wird. Nach Belieben garnieren und heiß servieren.

4. Geröstete Kichererbsen und Süßkartoffel-Bowl

Vorbereitungszeit:
10 Minuten

Kochzeit:
20 Minuten

Portionen:
4

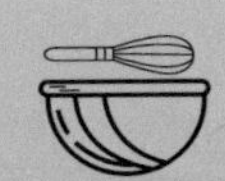
Schwierigkeit:
Einfach

Zutaten:

- 1 Tasse Kichererbsen, abgetropft und gespült
- 1 große Süßkartoffel, gewürfelt
- 2 EL Olivenöl
- 1 TL Paprikapulver
- Salz und Pfeffer
- Frischer Spinat oder Grünkoh

Zubereitung:

- Den Ofen auf 200°C vorheizen.
- Kichererbsen und Süßkartoffelwürfel in einer Schüssel mit Olivenöl, Paprikapulver, Salz und Pfeffer vermischen.
- Die Mischung auf ein mit Backpapier ausgelegtes Backblech geben und gleichmäßig verteilen.
- Im Ofen etwa 20-25 Minuten rösten, bis die Süßkartoffeln weich und die Kichererbsen knusprig sind.
- Auf einem Bett aus frischem Spinat oder Grünkohl servieren

5. Sesam-Sandwich mit geräuchertem Hähnchen, Pilzen und Cheddar

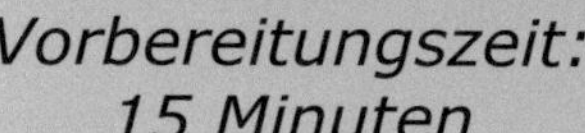

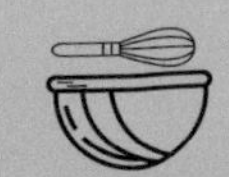

Vorbereitungszeit:	*Kochzeit:*	*Portionen:*	*Schwierigkeit:*
15 Minuten	*10 Minuten*	*4*	*Einfach*

Zutaten:

- 4 Scheiben Sesambrot
- 4 Scheiben geräuchertes Hähnchenbrustfilet
- 1 Tasse (95 g) braune Champignons, in Scheiben geschnitten
- 4 Scheiben Cheddar-Käse
- 2 EL Frischkäse
- 1 TL Dijon-Senf
- Frischer Rucola
- Salz und frisch gemahlener schwarzer Pfeffer

Zubereitung:

- Die Sesambrotscheiben in einem Toaster oder im Ofen rösten, bis sie leicht goldbraun sind.
- In einer Pfanne ohne Öl die Champignonscheiben anbraten, bis sie weich sind. Mit Salz und Pfeffer würzen und beiseite stellen.
- Frischkäse mit Dijon-Senf vermischen und diese Mischung auf jede Brotscheibe streichen.
- Auf 2 der Brotscheiben zuerst geräucherte Hähnchenbrustfilets legen, dann die angebratenen Pilze und zuletzt eine Scheibe Cheddar-Käse.
- Etwas frischen Rucola hinzufügen und mit den restlichen Brotscheiben abdecken, um die Sandwiches zu vervollständigen.
- Die Sandwiches nochmals in der Pfanne erhitzen, bis der Käse leicht schmilzt, oder in einem Sandwichmaker grillen.
- Jedes Sandwich in der Mitte durchschneiden und warm servieren.

6. Crostini mit Salami, Gorgonzola und Feigenchutney

   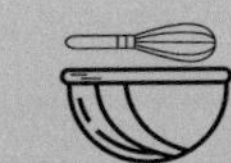

Vorbereitungszeit:	*Kochzeit:*	*Portionen:*	*Schwierigkeit:*
5 Minuten	*5 Minuten*	*4*	*Einfach*

Zutaten:

- 4 Scheiben Ciabattabrot
- 4-6 Scheiben Salami
- 4 Scheiben Gorgonzola-Käse
- 2 EL Feigenchutney
- Frischer Rucola
- Salz und Pfeffer

Zubereitung:

- Die Ciabattascheiben toasten, bis sie knusprig sind.
- Eine dünne Schicht Feigenchutney auf jede Brotscheibe streichen.
- Die Salamischeiben auf 2 der Brotscheiben legen und darauf den Gorgonzola-Käse verteilen.
- Etwas frischen Rucola auf den Käse legen, mit Salz und Pfeffer würzen.
- Mit den restlichen Brotscheiben abdecken, um die Crostini zu vervollständigen.
- Die Crostini diagonal halbieren und servieren.

7. Sandwich mit hartgekochtem Ei, Rucola und Kochschinken

 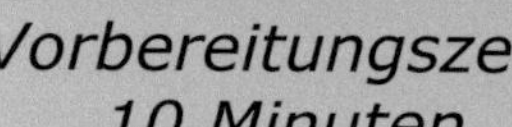   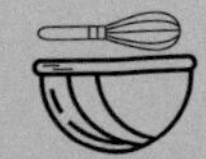

Vorbereitungszeit:
10 Minuten

Kochzeit:
5 Minuten

Portionen:
4

Schwierigkeit:
Einfach

Zutaten:

- 4 Scheiben Vollkornbrot
- 2 hartgekochte Eier, in Scheiben geschnitten
- 4-6 Scheiben Kochschinken
- 2 EL Mayonnaise
- Frischer Rucola
- Salz und Pfeffer

Zubereitung:

- Die Brotscheiben toasten, bis sie leicht knusprig sind.
- In einer separaten Schüssel Folgendes vermischen: Mayonnaise, Salz und Pfeffer.
- Die Mayonnaise-Mischung gleichmäßig auf die Brotscheiben streichen.
- Auf 2 der Brotscheiben zuerst eine Schicht hartgekochte Eierscheiben, dann Kochschinken und zuletzt eine Handvoll Rucola legen.
- Mit den restlichen Brotscheiben belegen, um die Sandwiches zu schließen.
- Die Sandwiches diagonal durchschneiden und servieren.

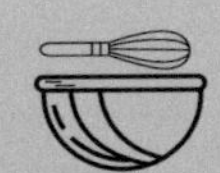

Vorbereitungszeit: 10 Minuten	*Kochzeit:* 0 Minuten	*Portionen:* 4	*Schwierigkeit:* Einfach

Zutaten:

- 4 Scheiben Vollkornbrot
- 1 reife Mango, in Scheiben geschnitten
- 1 reife Avocado, zerdrückt
- 2 Tassen Rucola
- 4 Scheiben gekochte Hähnchenbrust
- 2 EL Hummus
- Salz und Pfeffer

Zubereitung:

- Die Brote toasten, bis sie knusprig sind.
- Hummus auf jede Brotscheibe streichen.
- Eine Schicht zerdrückte Avocado auf den Hummus geben.
- Mango-Scheiben, Rucola und Hähnchenbrust auf 2 der Brotscheiben legen.
- Mit den restlichen Brotscheiben abdecken, um die Sandwiches zu vervollständigen.
- Die Sandwiches in der Mitte durchschneiden und servieren.

9. Sandwich mit Prosciutto, gegrillter Zucchini und Feta

 **Vorbereitungszeit:** *15 Minuten*

 **Kochzeit:** *10 Minuten*

 **Portionen:** *4*

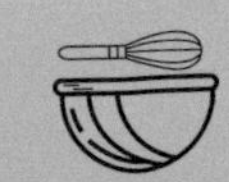 **Schwierigkeit:** *Einfach*

Zutaten:

- 4 Scheiben Ciabattabrot
- 8 Scheiben Prosciutto
- 150 g Feta-Käse, zerbröckelt
- 2 mittelgroße Zucchini, längs in dünne Scheiben geschnitten
- Frischer Basilikum
- Salz und Pfeffer
- Olivenöl

Zubereitung:

- Grill oder Pfanne auf mittlere Hitze vorheizen.
- Zucchinischeiben mit Olivenöl bestreichen und mit Salz und Pfeffer würzen.
- Die Zucchinischeiben 2-3 Min auf jeder Seite grillen, bis sie weich und leicht verkohlt sind.
- Die Ciabattascheiben toasten, bis sie leicht golden und knusprig sind.
- Die Zucchinischeiben, Prosciutto und zerbröckelten Feta-Käse auf 2 der getoasteten Ciabattascheiben verteilen.
- Einige Basilikumblätter hinzufügen und mit den restlichen Brotscheiben abdecken.
- Die Sandwiches warm servieren.

10. Pikante Donuts mit Blauschimmelkäse und Apfelscheiben

 **Vorbereitungszeit:**
20 Minuten

 **Kochzeit:**
20 Minuten

 **Portionen:**
4

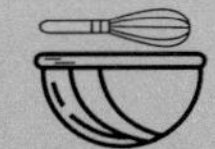 **Schwierigkeit:**
Mittel

Zutaten:

- 4 einfache Donuts
- 4 Scheiben Blauschimmelkäse (z.B. Gorgonzola)
- 1 Apfel, in dünne Scheiben geschnitten
- 1 EL Balsamico-Glasur
- 1 EL Butter

Zubereitung:

- Den Ofen auf 175°C vorheizen.
- Die Donuts horizontal halbieren.
- Auf jede untere Donuthälfte eine Scheibe Blauschimmelkäse legen und mit dünnen Apfelscheiben belegen.
- Die Apfelscheiben mit Balsamico-Glasur beträufeln.
- Die obere Donuthälfte wieder aufsetzen.
- Die Butter in einer Pfanne schmelzen und die Donuts darin von beiden Seiten anbraten.
- Anschließend auf ein Backblech legen und im Ofen 5-7 Minuten backen, bis der Käse leicht geschmolzen ist.
- Warm servieren.

11. Mediterraner Thunfisch-Toast mit Kapern und Oliven

 **Vorbereitungszeit:** 10 Minuten

 **Kochzeit:** 0 Minuten

 **Portionen:** 4

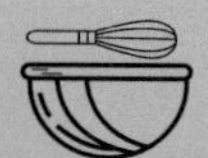 **Schwierigkeit:** Einfach

Zutaten:

- 4 Scheiben Vollkornbrot
- 1 Dose Thunfisch in Olivenöl, abgetropft
- 2 hartgekochte Eier, fein gehackt
- 2 EL Mayonnaise
- 1 EL Kapern, gehackt
- Eine Handvoll schwarze Oliven, gehackt
- Salz und Pfeffer
- Frische Petersilie, gehackt

Zubereitung:

- Die Brotscheiben toasten, bis sie knusprig sind.
- Thunfisch, hartgekochte Eier, Kapern, Oliven, Mayonnaise, Salz und Pfeffer in einer Schüssel vermischen.
- Die Mischung auf die Toastscheiben streichen.
- Mit frischer Petersilie garnieren und sofort servieren.

12. Piadina mit Ziegenkäse, Prosciutto und Baby-Spinat

 **Vorbereitungszeit:** 10 Minuten

 **Kochzeit:** 5 Minuten

 **Portionen:** 4

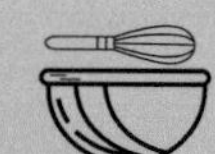 **Schwierigkeit:** Einfach

Zutaten:

- 2 Piadina-Fladenbrote
- 1/2 Tasse (60 g) Ziegenkäse, cremig
- 4 Scheiben Prosciutto
- Eine Handvoll Baby-Spinat
- 1 EL Olivenöl
- Salz und Pfeffer

Zubereitung:

- Eine Pfanne auf mittlerer Hitze erwärmen.
- Eine Piadina in die Pfanne legen und 1-2 Minuten von jeder Seite backen.
- Den Vorgang mit der zweiten Piadina wiederholen.
- Die Piadinas mit Ziegenkäse bestreichen.
- Prosciutto und Baby-Spinat darauf verteilen.
- Mit Olivenöl beträufeln und mit Salz und Pfeffer abschmecken.
- Die Piadinas falten oder aufrollen und servieren.

1. Cappuccino-Milchshake mit Karamell und Zimt

 **Vorbereitungszeit:** 5 Minuten

 **Kochzeit:** 5 Minuten

 **Portionen:** 1-2

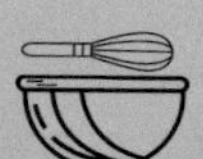 **Schwierigkeit:** Einfach

Zutaten:

- 1 Tasse (150 g) Karamelleis
- 1/2 Tasse (120 ml) starker, abgekühlter Kaffee
- 1/4 Tasse (60 ml) Milch
- 1 EL Karamellsirup
- Schlagsahne und Zimt zum Garnieren

Zubereitung:

- Karamelleis, Kaffee, Milch und Karamellsirup in einen Mixer geben.
- Mixen, bis die Masse glatt und cremig ist.
- Den Milchshake in ein großes Glas füllen.
- Mit Schlagsahne und einer Prise Zimt garnieren und servieren.

2. Schokoladencups mit Mascarpone und Himbeeren

 **Vorbereitungszeit:** 10 Minuten

 **Kochzeit:** 5 Minuten (keine Kochzeit, nur Mischen)

 **Portionen:** 2-4

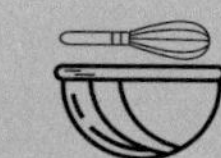 **Schwierigkeit:** Einfach

Zutaten:

- 1/2 Tasse (85 g) dunkle Schokoladenchips
- 1/2 Tasse (125 g) Mascarpone
- 1/4 Tasse (30 g) Puderzucker
- 1/4 TL Vanilleextrakt
- Frische Himbeeren

Zubereitung:

- Die Schokoladenchips in einer mikrowellengeeigneten Schüssel schmelzen, dabei in 30-Sekunden-Intervallen umrühren.
- Die Innenseite von 2-3 kleinen Tassen oder Förmchen mit der geschmolzenen Schokolade bestreichen und im Kühlschrank fest werden lassen.
- Mascarpone, Puderzucker und Vanilleextrakt glatt rühren.
- Die Mascarponemischung in die Schokoladenförmchen geben und mit frischen Himbeeren garnieren.

3. Zitronen-Reispfannkuchen mit Blaubeeren

   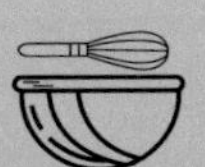

Vorbereitungszeit:
10 Minuten (vorausgesetzt,
der Reis ist bereits gekocht)

Kochzeit:
10-15 Minuten

Portionen:
2-3

Schwierigkeit:
Einfach

Zutaten:

- 1 Tasse (140 g) gekochter süßer Reis
- 1/4 Tasse (30 g) Mehl
- 1/4 TL Backpulver
- 1 Ei
- 1/4 Tasse (60 ml) Milch
- 1 EL Zucker
- Saft und Schale von 1 Zitrone
- Blaubeeren
- Butter zum Kochen

Zubereitung:

- Süßen Reis, Mehl, Backpulver, Ei, Milch, Zucker, Zitronensaft und -schale verquirlen.
- Butter in einer Pfanne schmelzen.
- Für jeden Pfannkuchen 1/4 Tasse Teig in die Pfanne geben und Blaubeeren hinzufügen.
- Von beiden Seiten goldbraun backen.
- Warm mit Ahornsirup servieren.

4. Avocado-Schokoladen-Mousse mit Haselnüssen

   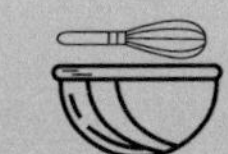

Vorbereitungszeit:
10 Minuten

Zubereitungszeit:
5 Minuten

Portionen:
2-4

Schwierigkeit:
Einfach

Zutaten:

- 2 reife Avocados
- 1/4 Tasse (30 g) ungesüßtes Kakaopulver
- 1/4 Tasse (85 g) Honig
- 1 TL Vanilleextrakt
- Eine Prise Salz
- Gehackte Haselnüsse und Schlagsahne zum Servieren

Zubereitung:

- Avocado, Kakaopulver, Honig, Vanilleextrakt und Salz in einen Mixer geben und pürieren.
- Die Mousse in Schalen füllen und im Kühlschrank kühlen.
- Mit Schlagsahne und gehackten Haselnüssen garnieren und servieren.

5. Apfel-Tarte mit Vanillesoße

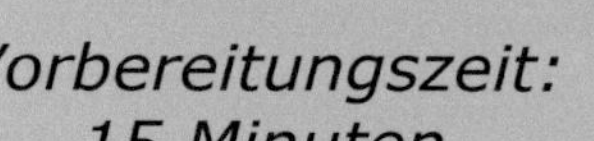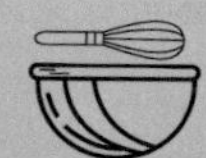

Vorbereitungszeit:
15 Minuten

Kochzeit:
20-25 Minuten

Portionen:
4-6

Schwierigkeit:
Einfach

Zutaten:

- 1 fertiger Mürbeteig
- 4 Äpfel, geschält und in dünne Scheiben geschnitten
- 2 EL Zucker
- 1 TL Zimt
- 1 Tasse Vanillesoße zum Servieren

Zubereitung:

- Den Mürbeteig in einer Kuchenform ausrollen und mit einer Gabel einstechen.
- Eine einzelne Schicht Apfelscheiben formen und mit Zucker und Zimt bestreuen.
- Bei 180°C etwa 20–25 Minuten backen, bis die Äpfel weich und der Teig goldbraun sind.
- Warm mit Vanillesoße servieren.

6. Karamellisierte Bananen mit Rum und Nüssen

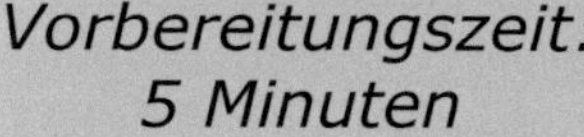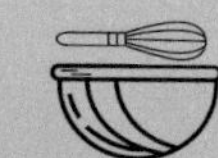

Vorbereitungszeit:
5 Minuten

Kochzeit:
5-10 Minuten

Portionen:
2-4

Schwierigkeit:
Einfach

Zutaten:

- 2 reife Bananen, in Scheiben geschnitten
- 2 EL Butter
- 2 EL brauner Zucker
- 1 TL Zimt
- 1 EL Rum (optional)
- 1/4 Tasse gehackte Walnüsse oder Pekannüsse
- Vanilleeis zum Servieren

Zubereitung:

- Eine Pfanne auf mittlerer Stufe erhitzen und die Butter darin schmelzen lassen.
- Die in Scheiben geschnittenen Bananen in die Pfanne geben und auf jeder Seite 2-3 Minuten braten, bis sie goldbraun sind.
- Den braunen Zucker, Zimt und Rum (falls verwendet) über die Bananen streuen. Umrühren, bis der Zucker geschmolzen ist und die Bananen gleichmäßig bedeckt sind.
- Die gehackten Nüsse hinzufügen und kurz mitbraten, bis sie leicht geröstet sind.
- Die karamellisierten Bananen zusammen mit einer Kugel Vanilleeis servieren.

7. Mango-Kokos-Pudding

 **Vorbereitungszeit:** 10 Minuten

 **Kochzeit:** 0 Minuten (Kühlzeit: 2 Stunden)

 **Portionen:** 4

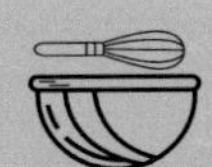 **Schwierigkeit:** Einfach

Zutaten:

- 1 reife Mango, püriert
- 1 Dose Kokosmilch
- 3 EL Zucker
- 1 TL Vanilleextrakt
- 2 TL Agar-Agar oder Gelatine

Zubereitung:

- Kokosmilch, Zucker und Vanilleextrakt in einem Topf erhitzen, aber nicht kochen lassen.
- Agar-Agar hinzufügen und unter Rühren auflösen. Vom Herd nehmen.
- Das Mangopüree unter die Kokosmilchmischung rühren.
- Die Mischung in Dessertschalen füllen und mindestens 2 Stunden im Kühlschrank fest werden lassen.
- Kalt servieren.

8. Pistazieneis ohne Eismaschine

 **Vorbereitungszeit:** 15 Minuten

 **Kühlzeit:** Mindestens 6 Stunden oder über Nacht

 **Portionen:** 6-8

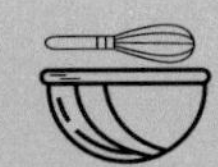 **Schwierigkeit:** Einfach

Zutaten:

- 2 Tasse (480 g) Schlagsahne
- 1 Dose/14 Unzen (400 g) gezuckerte Kondensmilch Milch
- 1 Teelöffel Vanilleextrakt
- 1 Tasse (125 g) geschälte Pistazien, grob zerkleinertmilk

Zubereitung:

- In einer großen Schüssel die Sahne schlagen, bis sie steif ist.
- In einer anderen Schüssel die gezuckerte Kondensmilch und den Vanilleextrakt verquirlen.
- Die Schlagsahne unter die Kondensmilchmischung heben.
- Die gehackten Pistazien unterheben.
- Die Mischung in einen gefriersicheren Behälter füllen und mindestens 4 Stunden oder bis zum Festwerden einfrieren.
- Das Pistazieneis in Schüsseln füllen und servieren

9. Himbeer-Panna Cotta mit Schokoladenguss

Vorbereitungszeit:
20 Minuten

Kühlzeit:
Mindestens 4 Stunden
oder über Nacht

Portionen:
4-6

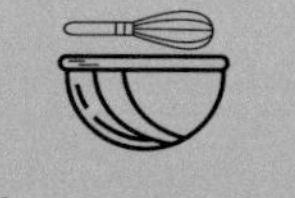

Schwierigkeit:
Einfach

Zutaten:

- 1 Tasse (240 ml) Schlagsahne
- 1 Tasse (240 ml) Vollmilch
- 1/2 Tasse (100 g) Zucker
- 1 TL Vanilleextrakt
- 2 TL geschmacksneutrale Gelatine
- 1/4 Tasse (60 ml) kaltes Wasser
- 1 Tasse (125 g) frische Himbeeren
- Schokoladenguss zum Servieren

Zubereitung:

- Sahne, Vollmilch, Zucker und Vanilleextrakt in einem Topf erhitzen, bis es dampft.
- Gelatine im kalten Wasser einweichen, dann in die Sahnemischung einrühren.
- Himbeeren pürieren, durch ein Sieb streichen und unter die Sahnemischung heben.
- In Förmchen füllen und kühlen.
- Mit Schokoladenguss servieren.
- Nach dem Festwerden die Himbeer-Panna-Cotta gekühlt servieren.

10. Crème Caramel mit Orangenkaramell

Vorbereitungszeit:
20 Minuten

Kochzeit:
1 Stunde (plus Kühlzeit von mindestens 4 Stunden oder über Nacht)

Portionen:
6-7

Schwierigkeit:
Mittel

Zutaten:

Zutaten für den Karamell:
- 1 Tasse (200 g) Zucker
- 1/4 Tasse (60 ml) Wasser
- 1/4 Tasse (60 ml) frisch gepresster Orangensaft

Zutaten für die Creme:
- 2 Tassen (480 ml) Vollmilch
- 1/2 Tasse (120 ml) Schlagsahne
- 1 TL Vanilleextrakt
- 3 Eier
- 3 Eigelb
- 1/2 Tasse (100 g) Zucker
- Eine Prise Salz

Crème vorbereiten:

- Milch, Sahne und Vanilleextrakt in einen Topf geben und erhitzen, es darf nicht kochen.
- Eier, Eigelb, Zucker und Salz in einer Schüssel verquirlen.
- Langsam die warme Milchmischung in die Ei-Zucker-Mischung einrühren, dabei ständig rühren, um ein Gerinnen der Eier zu vermeiden.

Servieren:

- Vor dem Servieren entlang des Rands der Form fahren, um die Crème zu lösen.
- Einen großen Teller auf die Form legen und schnell umdrehen, sodass die Crème Caramel auf dem Teller landet und der Karamell darüberfließt.
- In Portionen schneiden und servieren. Optional mit frischer Schlagsahne oder Früchten garnieren.

Orangenkaramell vorbereiten:

- In einer Pfanne Zucker, Wasser und Orangensaft bei mittlerer Hitze mischen.
- Ohne Umrühren kochen, bis die Mischung goldbraun und karamellisiert ist. Dies kann 10-15 Minuten dauern.
- Den Karamell sofort in eine runde Auflaufform (ca. 20-22 cm Durchmesser) gießen und die Form schwenken, um den Boden gleichmäßig zu bedecken. Abkühlen lassen.

Crème Caramel backen:

- Die Creme-Mischung vorsichtig über den Orangenkaramell in der Auflaufform gießen.
- Die Auflaufform in ein größeres Backblech stellen und das Backblech mit heißem Wasser füllen, um ein Wasserbad zu erstellen. Das Wasser sollte etwa halb so hoch wie die Form reichen.
- Im vorgeheizten Backofen bei 160°C (320°F) etwa 1 Stunde backen, bis die Creme fest ist, aber noch leicht wackelig in der Mitte.
- Die Crème Caramel im Wasserbad abkühlen lassen und dann für mindestens 4 Stunden oder über Nacht in den Kühlschrank stellen.

11. Joghurt-Himbeer-Mousse mit Minze

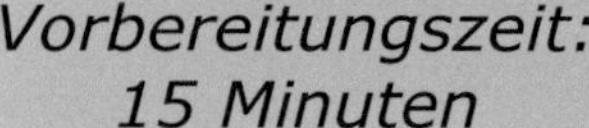

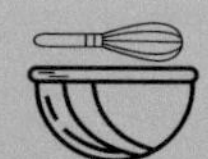

Vorbereitungszeit:
15 Minuten

Kühlzeit:
Mindestens 2 Stunden

Portionen:
4-6

Schwierigkeit:
Einfach

Zutaten:

- 1 Tasse (125 g) frische Himbeeren
- 2 EL Honig
- 2 EL Zitronensaft
- 1 TL geschmacksneutrale Gelatine
- 1 Tasse (280 g) griechischer Joghurt
- 1/2 Tasse (120 ml) Schlagsahne
- Frische Minzblätter zum Garnieren

Zubereitung:

- Himbeeren pürieren, mit Honig und Zitronensaft mischen.
- Gelatine in Wasser einweichen, erhitzen und auflösen.
- Gelatine mit Himbeerpüree mischen, unter Joghurt heben.
- Sahne schlagen und unterheben.
- In Schalen füllen, kühlen und mit Minze servieren.

12. Nutella Mousse mit Haselnüssen

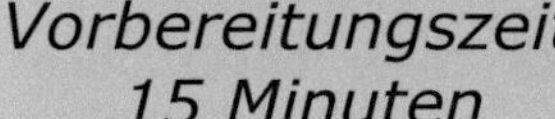

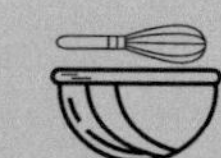

Vorbereitungszeit:
15 Minuten

Kühlzeit:
Mindestens 1 Stunde

Portionen:
4-6

Schwierigkeit:
Mittel

Zutaten:

- 1 Tasse (240 ml) Schlagsahne
- 1/2 Tasse Nutella
- 1/2 TL Vanilleextrakt
- 1/4 TL Salz
- 2 Eiweiß
- 2 EL Zucker
- Gehackte Haselnüsse zum Garnieren

Zubereitung:

- Sahne steif schlagen.
- Nutella, Vanilleextrakt und Salz in einer Schüssel glatt rühren.
- Eiweiß zu weichen Spitzen schlagen, Zucker einrieseln lassen und zu steifen Spitzen schlagen.
- Nutellamischung vorsichtig unter die Sahne heben, dann Eischnee unterheben.
- In Schalen füllen und kühlen.
- Mit Haselnüssen garnieren und servieren

13. Pudding mit gerösteten Haselnüssen und Sahne

   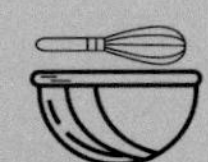

Vorbereitungszeit:
15 Minuten

Kochzeit:
10-15 Minuten

Kühlzeit:
Mindestens 2 Stunden

Portionen:
4-6

Schwierigkeit:
Einfach

Zutaten:

- 1/2 Tasse (65 g) Haselnüsse, geröstet und zerkleinert
- 2 Tassen (480 ml) Vollmilch
- 1/4 Tasse (50 g) Zucker
- 1/4 Tasse (30 g) Speisestärke
- 2 EL ungesalzene Butter
- 1 TL Vanilleextrakt
- Eine Prise Salz
- Schlagsahne zum Servieren (optional)

Zubereitung:

- In einem mittelgroßen Topf Milch und zerkleinerte Haselnüsse auf mittlerer Hitze erwärmen, bis die Mischung dampft. Vom Herd nehmen und 30 Minuten ziehen lassen, um den Haselnussgeschmack zu extrahieren.
- Die Milch durch ein feinmaschiges Sieb in eine Schüssel abseihen, Haselnüsse entfernen.
- Im gleichen Topf Zucker, Speisestärke und Salz verrühren. Langsam die abgeseihte Milch einrühren, bis alles glatt ist.
- Die Mischung auf mittlerer Hitze unter ständigem Rühren erhitzen, bis der Pudding eindickt und zu kochen beginnt. Für etwa 2 Minuten kochen lassen.
- Vom Herd nehmen und Butter und Vanilleextrakt unterrühren, bis beides vollständig integriert ist.
- Den warmen Pudding in Servierschalen füllen und auf Zimmertemperatur abkühlen lassen.
- Mit Plastikfolie abdecken, um Hautbildung zu verhindern, und im Kühlschrank mindestens 2 Stunden oder über Nacht kühlen.
- Vor dem Servieren mit Schlagsahne garnieren.

*Ihre Rezepte warten hier
auf Sie!!!*

Hier sind Ihre Video-Rezepte

30-TAGE-ESSENSPLAN

Woche 1	Frühstück	Mittagessen	Abendessen	Dessert
Tag 1	Cappuccino-Milchshake mit Karamell und Zimt (S. 100)	Fusilli mit Brokkoli und Gorgonzolasauce (S. 30)	Der Klassische Bohnen-Burger (S. 9)	Pistazieneis ohne Eismaschine (S. 103)
Tag 2	Schokoladencups mit Mascarpone und Himbeeren (S. 100)	Tagliatelle mit Knusperbröseln (S. 31)	Scharfes Schwarze-Bohnen-Fest (S. 9)	Crème Caramel mit Orangenkaramell (S. 105)
Tag 3	Zitronen-Reispfannkuchen mit Blaubeeren (S. 101)	Spaghetti mit Zwiebel-Sahnesauce (S. 31)	Der Ultimative Portobello-Stapel (S. 10)	Himbeer-Panna Cotta mit Schokoladenguss (S. 104)
Tag 4	Avocado-Schokoladen-Mousse mit Haselnüssen (S. 101)	Risotto mit Rote Bete und Ziegenkäse (S. 32)	Süßkartoffel-Quinoa-Glück (S. 11)	Joghurt-Himbeer-Mousse mit Minze (S. 106)
Tag 5	Apfel-Tarte mit Vanillesoße (S. 102)	Gnocchi mit Erbsencreme (S. 32)	Linsen-Walnuss-Erdiger-Crunch (S. 11)	Pudding mit gerösteten Haselnüssen und Sahne (S. 106)
Tag 6	Karamellisierte Bananen mit Rum und Nüssen (S. 102)	Kalte Nudeln mit Kirschtomaten und Ricotta (S. 33)	Würziger Kichererbsen-Wunder-Burger (S. 12)	Käsekuchen mit Ricotta und Himbeeren (S. 107)
Tag 7	Mango-Kokos-Pudding (S. 103)	Spaghetti mit Rucola und getrockneten Tomaten (S. 33)	Gegrillter Auberginen-Zen-Burger (S. 12)	Schokoladen-Bayerische-Creme mit Orangenaroma (S. 108)

Woche 2	Frühstück	Mittagessen	Abendessen	Dessert
Tag 1	Karamellisierte Bananen mit Rum und Nüssen (S. 102)	Kartoffelgratin mit Blumenkohl (S. 37)	Grünkohl- & Weiße-Bohnen-Essenz-Burger (S. 12)	Joghurt-Himbeer-Mousse mit Minze (S. 106)
Tag 2	Schokoladen-Bayerische-Creme mit Orangenaroma (S. 108)	Nudeln mit rotem Pesto (S. 38)	Kürbis & Tahini-Drehung-Burger (S. 13)	Pudding mit gerösteten Haselnüssen und Sahne (S. 106)
Tag 3	Pistazieneis ohne Eismaschine (S. 103)	Lachs-Risotto (S. 38)	Geröstete Rote-Bete- & Feta-Fusion-Burger (S. 13)	Käsekuchen mit Ricotta und Himbeeren (S. 107)
Tag 4	Avocado-Schokoladen-Mousse mit Haselnüssen (S. 101)	Knusprige Spaghetti mit Sardellen und Minze (S. 39)	Klassischer Lachs & Dill-Burger (S. 14)	Cappuccino-Milchshake mit Karamell und Zimt (S. 100)
Tag 5	Zitronen-Reispfannkuchen mit Blaubeeren (S. 101)	Linguine mit Zitrone und Thunfisch (S. 40)	Scharfer Thunfisch-Twist-Burger (S. 15)	Mango-Kokos-Pudding (S. 103)
Tag 6	Schokoladencups mit Mascarpone und Himbeeren (S. 100)	Nudeln mit Radicchio und Speck (S. 41)	Kräuterkrusten-Kabeljau-Burger (S. 15)	Himbeer-Panna Cotta mit Schokoladenguss (S. 104)
Tag 7	Nutella Mousse mit Haselnüssen (S. 109)	Spaghetti mit Spinat und Ricotta (S. 41)	Zitronen-Zesten-Tilapia-Leckerbissen (S. 15)	Crème Caramel mit Orangenkaramell (S. 105)

Woche 3	Frühstück	Mittagessen	Abendessen	Dessert
Tag 1	Himbeer-Panna Cotta mit Schokoladenguss (S. 104)	Fettuccine mit Trüffel (S. 42)	Katzenfisch-Cajun-Kreation (S.16)	Crème Caramel mit Orangenkaramell (S. 105)
Tag 2	Pistazieneis ohne Eismaschine (S. 103)	Nudeln mit Gorgonzola (S. 43)	Der Klassische Rindfleisch-Cheeseburger (S. 16)	Schokoladen-Bayerische-Creme mit Orangenaroma (S. 108)
Tag 3	Joghurt-Himbeer-Mousse mit Minze (S. 106)	Bauernnudeln (S. 43)	BBQ-Bacon-Bliss-Burger (S. 17)	Joghurt-Himbeer-Mousse mit Minze (S. 106)
Tag 4	Pudding mit gerösteten Haselnüssen und Sahne (S. 106)	Curry-Reis (S. 44)	Blauschimmelkäse- & Karamellisierte-Zwiebel-Burger (S. 17)	Mango-Kokos-Pudding (S. 103)
Tag 5	Käsekuchen mit Ricotta und Himbeeren (S. 107)	Nudeln mit Kirschtomaten, Frischkäse und Fleischbällchen (S. 45)	Scharfer Jalapeño- & Cheddar-Burger (S. 18)	Pistazieneis ohne Eismaschine (S. 103)
Tag 6	Crème Caramel mit Orangenkaramell (S. 105)	Nudeln mit Wurst (S. 46)	Smoky Chipotle-Rindfleisch-Burger (S. 18)	Käsekuchen mit Ricotta und Himbeeren (S. 107)
Tag 7	Avocado-Schokoladen-Mousse mit Haselnüssen (S. 101)	Gebirgs-Risotto (S. 47)	Zitronen-Schwertfisch (S. 20)	Pudding mit gerösteten Haselnüssen und Sahne (S. 106)

Woche 4	Frühstück	Mittagessen	Abendessen	Dessert
Tag 1	Avocado-Lachs-Tartar (S. 28)	Gebratene Polenta mit Tomatenrago (S. 48)	Schwertfisch-Tartar (S. 81)	Nutella Mousse mit Haselnüssen (S. 109)
Tag 2	Grießkroketten (S. 28)	Gemüse-Ratatouille mit Quinoa (S. 48)	Seehecht-Happen (S. 82)	Schokoladen-Bayerische-Creme mit Orangenaroma (S. 108)
Tag 3	Ziegenkäse-Pralinen (S. 27)	Gebirgs-Risotto (S. 47)	Käsemedaillons mit Kräuter-Panade und Tomatensalsa (S. 83)	Käsekuchen mit Ricotta und Himbeeren (S. 107)
Tag 4	Geröstete Paprika-Hummus (S. 27)	Nudeln mit Wurst (S. 46)	Panierte Scholle mit Zitrone (S. 84)	Pudding mit gerösteten Haselnüssen und Sahne (S. 106)
Tag 5	Käse- und Krabbenbällchen (S. 26)	Nudeln mit Kirschtomaten, Frischkäse und Fleischbällchen (S. 45)	Hähnchenschenkel im Ofen (S. 84)	Joghurt-Himbeer-Mousse mit Minze (S. 106)
Tag 6	Kürbis-Crostini (S. 26)	Curry-Reis (S. 44)	Cremig-knuspriger Lachs (S. 85)	Mango-Kokos-Pudding (S. 108)
Tag 7	Thunfischfilet mit einer Pistazien-Walnuss-Kruste (S. 25)	Nudeln mit Gorgonzola (S. 43)	Garnelenbällchen mit Zitrone (S. 85)	Pistazieneis ohne Eismaschine (S. 103)

Hinweis: Lassen Sie sich bei der Durchführung dieses 30-Tage-Diätplans von einer qualifizierten medizinischen Fachkraft oder einem zertifizierten Ernährungsberater beraten.

Dieser Plan ist nur als Beispiel gedacht.
Der Plan kann je nach den Bedürfnissen, Vorlieben und Ernährungszielen des Einzelnen abgeändert werden.